rororo sport –
Herausgegeben von Bernd Gottwald

Grundlagen · Übungen · Programme

GERHARD HAMSEN
JÖRG DANIEL

FUSSBALL JUGENDTRAINING

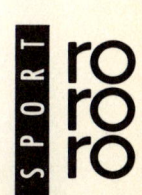

Rowohlt

Originalausgabe

Veröffentlicht im Rowohlt Taschenbuch Verlag GmbH,
Reinbek bei Hamburg, März 1990
Copyright © 1990 by Rowohlt Taschenbuch Verlag GmbH,
Reinbek bei Hamburg
Layout Angelika Weinert
Umschlaggestaltung Peter Wippermann/Jürgen Kaffer
(Foto: Mel Digiacomo/The Image Bank)
Zeichnungen S. 43–123: Thorsten Knebel
Fotos S. 1, 8, 10/11, 12, 138: Sportpressephoto Bongarts
Satz Times (Linotronic 500)
Gesamtherstellung Clausen & Bosse, Leck
Printed in Germany
1290-ISBN 3 499 18645 4

14.–16. Tausend September 1994

Inhalt

Hinweise zur Anwendung der Trainingseinheiten 37

Die Trainingseinheiten 43–123

Anhang 124

Vorwort

Der deutsche Jugendfußball steht in den letzten Jahren verstärkt in der Diskussion. Veränderte Lebensbedingungen, unter denen Jugendliche in unserer heutigen Gesellschaft aufwachsen, erfordern differenzierte Überlegungen zur Situation des Jugendfußballs.

Um sicherzustellen, daß auch in Zukunft das fußballerische Niveau in Deutschland einen hohen Standard behält, muß dafür Sorge getragen werden, daß eine ausreichende Zahl von jungen Fußballern so gut wie möglich ausgebildet wird. Der Deutsche Fußball-Bund hat mit seinem Stützpunkttraining für den Kreis der Jugend-Nationalspieler eine Entwicklung eingeleitet, die durch die Arbeit in den Verbänden und den Vereinen auf eine breite Basis gestellt werden muß.

Das Buch von Gerhard Hamsen und Jörg Daniel stellt einen Beitrag zu eben dieser Basisarbeit dar. Es gibt dem interessierten Trainer eine Fülle von direkt umsetzbaren, praktischen Arbeitshilfen an die Hand, die im Grundlagentraining von Bedeutung sind. Gerade im Grundlagenalter werden die Wurzeln für eine erfolgreiche Fußballerkarriere auf möglichst hohem Niveau gelegt.

Berti Vogts

Einführung

Die Idee zu diesem Buch für das Jugendtraining im Fußball (F-D-Junioren) entstand aufgrund der heftigen Nachfrage von Trainern, die Hinweise und Anleitungen zur praktischen Arbeit mit Kindern erwarteten. Dies deshalb, weil ca. 75 Prozent der im Juniorenbereich aktiven Trainer keinerlei Ausbildung für ihre Tätigkeit aufweisen und so auf ihre eigene Erfahrung als ehemalige oder noch aktive Spieler zurückgreifen müssen. Daß dabei die Gefahr besteht, Erwachsenentraining in das Kindertraining zu übertragen, ist offensichtlich. So wurde eine systematische Folge von Trainingseinheiten entwickelt, die den Anforderungen an ein kindgemäßes Fußballtraining genügen. Ziel war, alle im Grundlagenalter schul- und trainierbaren technischen, taktischen und konditionellen Elemente des Fußballspiels zu erfassen und in die Einheiten aufzunehmen. Dabei sollten vor allem spielerische Schwerpunkte gesetzt werden, um das Fußballspielen ‹spielend› zu erlernen, doch ist sicher auch ein gewisses Maß an ‹übendem› Lernen sinnvoll und effektiv in die Einheiten einzubringen.

Dieses Buch erleichtert die Arbeit der Jugendtrainer insofern, als durch die ‹fertigen› Trainingseinheiten Konstruktionsprinzipien des Aufbaus einer Einheit den meist unausgebildeten Trainern schnell verdeutlicht werden. Immer wiederkehrende Bestandteile des Trainings werden als solche erkennbar. Es ergibt sich aus der Praxis die Erfahrung, die beim Neu-Zusammenstellen von Trainingselementen Fehler vermeiden hilft.

Übungssammlungen mit einem vorangestellten Informationsteil über die Prinzipien des Aufbaus von Trainingseinheiten sind gerade für unausgebildete Trainer häufig schwer zugänglich, da die Übertragung der Prinzipien auf die Auswahl der angemessenen Elemente, auf ihre richtige zeitliche Anordnung innerhalb einer Einheit und auf den langfristigen, systematischen Trainingsaufbau eine nicht ganz einfache Aufgabe darstellt. Für viele

unerfahrene Trainer ergibt sich das Problem, daß sie u. U. mit viel Fingerspitzengefühl und Einfühlungsvermögen intuitiv ein kindgemäßes Training
durchführen und dennoch nicht sicher sind, ob das, was sie tun, mit dem
aktuellen Wissensstand der Trainingslehre über das Grundlagentraining
übereinstimmt. Auch diese Zielsetzung verfolgt dieser Band: diesen intuitiv guten Trainern Handlungssicherheit zu geben und den weniger intuitiv
Begabten Hilfe und Anregungen zu vermitteln.

Die Gefahr der Erstellung ‹fertiger› Trainingseinheiten besteht darin, daß
man sie als ‹Kochrezept› auffaßt und allzu gläubig die Einheiten bis ins
Detail umsetzt. Dies wird jedoch nicht möglich sein, da die unterschiedlichen Leistungsvoraussetzungen innerhalb einer Mannschaft und zwischen
den angesprochenen Altersgruppen sehr groß sein können. Daher muß jeder Trainer die Einheiten an seine spezielle Gruppe anpassen.

Zur sinnvollen und gewinnbringenden Anwendung der Einheiten wurden
deshalb die *Hinweise zur Anwendung der Trainingseinheiten* zusammen-
gestellt, die vor der praktischen Anwendung unbedingt zu lesen sind
(S. 37 ff).

Den Trainingseinheiten vorangestellt ist ein Theorieteil, in dem auf Grundlage der aktuellen trainingswissenschaftlichen Literatur ein Überblick über
den Bereich des Trainings im Grundlagenalter gegeben wird.

Der ‹eilige› Praktiker, der mit den Trainingseinheiten unverzüglich arbeiten
möchte, kann diesen Teil zunächst überspringen, da die Trainingseinheiten
so konzipiert sind, daß das praktische Arbeiten mit ihnen auch ohne Kenntnis des Theorieteils möglich ist. Die *Allgemeinen* (S. 39 f) und *Methodischen Hinweise* (S. 41 f) müssen jedoch unbedingt zuvor gelesen werden.

Längerfristig kann der Theorieteil auch für einen zunächst weniger interessierten Nutzer mit großem praktischem Gewinn aufgearbeitet werden.

Die Einheiten wurden mit unterschiedlichen Trainern und Mannschaften im Verbandsgebiet des Badischen Fußballverbandes praktisch erprobt und auf der Grundlage der gemachten Erfahrungen überarbeitet.

Diese Sammlung von Trainingseinheiten für den Grundlagenbereich ist kein Lehrbuchersatz. Weiterführende und ergänzende Literatur findet man auf Seite 136 f. Sollten Sie durch das Arbeiten mit diesen Einheiten angeregt werden, eine Juniorentrainerausbildung zu absolvieren, würden Sie den Kindern und dem Fußball einen großen Dienst erweisen. Für kritische Hinweise aus der Praxis sind wir sehr dankbar.

Es sei hier all denen gedankt, die Teile ihrer Freizeit geopfert haben, um entweder beim Zusammenstellen der Einheiten, bei ihrer ersten praktischen Erprobung, bei ihrer schriftlichen Fixierung oder bei der Erstellung der Endfassung mitzuarbeiten. Besonderer Dank gebührt den Kreisübungsleitern und Fördergruppenleitern des Badischen Fußballverbandes, die die Einheiten in ihrem Einzugsbereich erprobten. Ihre Hinweise führten zu wesentlichen Verbesserungen. Hans-Ruedi Hasler, dem Ausbildungsleiter der Eidgenössischen Turn- und Sportschule Magglingen, Schweiz, sind wir für wertvolle, kritische Anregungen dankbar. Schließlich wollen wir uns bei Julia Dold, Stephanie Feil und Udo Scholtes bedanken, die die Hauptlast bei der Manuskripterstellung trugen.

Gerhard Hamsen / Jörg Daniel

Zur Entwicklung des Jugendfußballs

Ein Blick auf die Entwicklung des Jugendfußballs in den letzten Jahrzehnten läßt einige markante Trends erkennen. In den fünfziger Jahren war die jüngste Juniorenstufe die C-Jugend, d. h., das Einstiegsalter in den Fußball lag bei zwölf, bestenfalls bei zehn oder elf Jahren. In einem Zeitraum von weniger als zwanzig Jahren verschob sich das Einstiegsalter um sechs Jahre nach unten, nachdem nach und nach für die D-Junioren, die E-Junioren und schließlich die F-Junioren Wettkampfrunden eingeführt wurden. Auch sie spielen inzwischen Staffel-, Kreis- und Landesmeister aus.

BREMER (1985) führt diese Ausweitung – die auch in anderen Sportarten stattfand – auf ausgesprochen günstige Rahmenbedingungen wie verbessertes Sportstättenangebot, bessere finanzielle Ausstattung und breiteres Sportartenangebot im Schulsport zurück. Die interne Struktur in den Verbänden und Vereinen konnte mit dieser Entwicklung häufig nicht Schritt halten. Insbesondere qualifizierte Übungsleiter und Trainer wurden zur Mangelware. Ihre Zahl war schon zuvor nicht ausreichend, und die Verbreiterung des Altersspektrums um sechs Jahre verschlimmerte die Situation beträchtlich. Hinzu kam, daß bis in die achtziger Jahre hinein die Anzahl der fußballspielenden Kinder in fast allen Altersbereichen noch beträchtliche Zuwachsraten aufwies. Erst mit dem Durchschlagen des Geburtenrückgangs in Verbindung mit anderen Faktoren wie erweitertem Freizeit- und Sportartenangebot, verschlechtertem Image des Fußballsports, dem Aufkommen der «Tenniswelle» etc. sanken die Mannschaftszahlen im Jugendbereich enorm. HAMSEN und ELSER (1987) stellten im Badischen Fußballverband für den Zeitraum von 1982/83 bis 1985/86 einen Rückgang der Mannschaftsmeldungen um über 11 Prozent fest. Für den Bereich des DFB ergibt sich von 1979 bis 1988 ein Rückgang um 14,5 Prozent. Betrachtet man die A- und B-Junioren separat von den C- bis F-Junioren, zeigt sich eine maximale Abnahme von 23,8 Prozent: bei den C- bis F-Junioren beträgt der Rückgang von 1979 bis zum niedrigsten Stand 1986 11,3 Prozent. Als ‹Silberstreif am Horizont› kann man die Tatsache werten, daß seit der Spielzeit 1986/87 wieder ein leichter Anstieg im Bereich der C- bis F-Junioren zu verzeichnen ist. Dennoch sind die erkennbaren Tendenzen besorgniserregend, und es wird für die Verantwortlichen im DFB und in den Landesverbänden nicht leicht sein, den Fußball für Kinder und Jugendliche wieder so attraktiv werden zu lassen, daß die rückläufige Tendenz zumindest gestoppt werden kann. Die geburtenschwachen Jahrgänge sind sicherlich nur zum Teil für die rückläufigen Quoten verantwortlich, da die Geburtenquote schon seit längerer Zeit zurückgeht und dennoch positive Zuwachsraten zu verzeichnen waren.

In derselben Studie (HAMSEN/ELSER 1987), die sich unter anderem mit dem Ausbildungsstand der Trainer im Juniorenfußball befaßte, stellte sich heraus, daß über 70 Prozent der Trainer im Juniorenbereich keinerlei sport- oder fußballbezogene Ausbildung aufwiesen. Man muß befürchten, daß diese Quote noch zu positiv ausfällt, da wegen des nur 30prozentigen Rücklaufs der Fragebogen anzunehmen ist, daß Trainer ohne Qualifikationen bei den Antwortverweigerern überrepräsentiert sind. Eine interne Nachbefragung von DANIEL für die Spielzeit 1988/89 stützt diese Vermutung, da bei einer weitaus besseren Rücklaufquote (zusammen mit den Mannschaftsmeldebogen) die Anzahl der Trainer mit fußballbezogener Ausbildung bei etwa 25 Prozent lag.

Es ist anzunehmen, daß diese Relationen der Mannschaftsstatistiken und Trainerqualifikationen, die für den Bereich des Badischen Fußballverbandes gelten, mit nur wenigen Ausnahmen und Schwankungen sich auf andere Landesverbände tendenziell übertragen lassen.

Was tun?

Um langfristig sicherzustellen, daß der Nachwuchs bestmöglich ausgebildet und gefördert wird, müssen die Bedingungen, unter denen unsere jungen Fußballer lernen, optimiert werden. Das bedeutet, daß Trainings- und Wettspielbetrieb auf die entwicklungsbedingten Lern- und Leistungsvoraussetzungen der Kinder abgestimmt sein müssen. Vor diesem Hintergrund ist es unverständlich, daß in vielen Landesverbänden schon im E-Junioren-Bereich mit Elfer-Mannschaften auf dem Großfeld gespielt wird.

Jugendtraining, und besonders der Bereich von den F- bis D-Junioren, muß von langfristigen Zielsetzungen geprägt sein. Die Ziele des Grundlagentrainings bestehen in der umfassenden Vermittlung der Basisfähigkeiten und -fertigkeiten für die spätere optimale sportliche Lebenskarriere. Der besondere Akzent liegt auf dem Begriff Lebenskarriere, da das Grundlagenalter nicht unabhängig von der Karriereplanung für den gesamten aktiven Leistungssportbereich gesehen werden darf. Um diesem langfristigen Anspruch gerecht zu werden, bedarf es u. a. einer Änderung des aktuellen Wettspielbetriebs unter Meisterschaftsaspekten (im Badischen Fußballverband wurde dieser Prozeß durch die Abschaffung der Punkterunde für die F-Junioren eingeleitet).

Zumindest bei den F- und E-Junioren sollten Meisterschaftsspiele abgeschafft werden, die die betreuenden Trainer durch einen von außen gesetzten Leistungsdruck dazu veranlassen, ihre Spieler immer unter dem Aspekt der momentanen Leistungsstärke trainieren zu lassen und nur auf den «erfolgversprechenden» Positionen einzusetzen. Dies bedeutet, daß den Kindern die Möglichkeit genommen wird, in realen Spielsituationen spielerisch die verschiedenen Positionen auf dem Spielfeld sowie die grundlegenden taktischen Verhaltensweisen kennenzulernen.

Können Trainer unbelastet von äußeren Leistungsvorgaben arbeiten, bietet sich ihnen die Möglichkeit, allen Kindern ihrer Trainingsgruppe Gelegenheit zu sehr vielfältigen, unterschiedlichen technischen und taktischen Aufgabenstellungen innerhalb dieser Spiele zu geben. Der häufig vorgebrachte Einwand, man könnte Kindern dadurch die Leistungsmotivation nehmen, ist nicht stichhaltig, da die Kinder gerade nicht durch äußere Meisterschaftsanreize, sondern durch das Spielen selbst motiviert werden.

Vertritt man die Auffassung, daß die Karriereentwicklung in der Reihenfolge der Kategorien Erfahren, Lernen, Leisten erfolgt, so müssen dem Grundlagenalter die Bereiche Erfahren und Lernen zugeordnet werden. Erfahren möglichst vielfältiger Fertigkeiten im Umgang mit Ball, Mitspielern und Gegnern; Lernen durch häufiges Üben der grundlegenden fußballerischen Verhaltensweisen.

Wenn eine vielseitige, breit angelegte Grundlagenausbildung als richtig anerkannt wird, muß die sehr frühe Spezialisierung auf eine Sportart/Disziplin in Frage gestellt werden. Gerade im Fußball ist die ausschließliche Konzentration der Kinder auf ihren Sport noch sehr ausgeprägt. Selten werden in Fußballvereinen Ansätze sichtbar, in denen Kindern im Grundlagenalter Angebote zu einer vielfältigen motorischen Betätigung gemacht werden. Und gerade das ist eine unabdingbare Forderung an kindgemäßes Grundlagentraining. Eine sicherlich (noch) illusorische Perspektive wäre, daß in Mehrspartenvereinen zunächst «Kindersport» angeboten wird, der die gesamte Palette der Vereinssportarten integriert.

Die Entscheidung für die Spezialisierung in einer Sportart wird dadurch zwar eventuell um einige Jahre verschoben, erfolgt aber auf der Basis einer anzustrebenden umfassenden und vielseitigen allgemeinmotorischen Grundausbildung.

Einer Umsetzung dieser idealen Vorstellung stehen gegenwärtig sicherlich noch festgefügte, unflexibel gewachsene Vereins- bzw. Abteilungsinteressen gegenüber. Andererseits sind in Einzelfällen Ansätze dieser Art bereits zu beobachten.

So wird es wichtig, diejenigen, die die jungen Fußballer betreuen, aufmerksam zu machen auf die besonderen Voraussetzungen und Bedingungen, unter denen kindgerechtes Fußballtraining ablaufen soll. Wichtigster Gesichtspunkt dabei ist die Erkenntnis, daß jeder Jugendtrainer Verantwortung dafür übernehmen muß, daß die von ihm betreuten und ausgebildeten Kinder und Jugendlichen langfristig für den Fußballsport (im Erwachsenenalter) gewonnen werden sollen und nicht aus Gründen kurzfristigen Erfolgsstrebens (Meisterschaften) entmutigt und schließlich zum ‹Aussteiger› werden, da für den ‹Sieg› immer nur die Besten gebraucht werden können.

Spitzenfußball nach internationalen Maßstäben kann auf Dauer nur Bestand haben, wenn die Basis breit und stabil angelegt ist. Spitzenfußballer erreichen ihren Leistungshöhepunkt im allgemeinen – Ausnahmen bestätigen die Regel – im Alter zwischen 23 und 29 Jahren. Dies bedeutet, daß bei einer Spezialisierung auf die Sportart Fußball im frühen Schulkindalter beim Erreichen des potentiellen Höchstleistungsalters ein Trainingsalter von über 15 Jahren vorliegt. Probleme mit psychischen und/oder physischen Verschleißerscheinungen liegen dann auf der Hand, zumal die Häufung von Wettbewerben im Juniorenbereich sowie die zu früh und zu stark einsetzende Leistungsklasseneinteilung die Belastungen im Juniorenbereich ständig wachsen lassen.

Nicht umsonst plädiert Berti Vogts für eine Reduzierung der Wettbewerbe (etwa Deutsche A-Junioren-Meisterschaft). Den Landesverbänden fällt hierbei die Aufgabe zu, durch entsprechende Informationen und Lehrgangsangebote für die Jugendtrainer den Ausbildungsstand dieser engagierten Leute zu verbessern. Der DFB hat diesen Prozeß bereits 1983 in Gang gesetzt, indem er eine Junioren-Trainerausbildung ins Leben rief, die als Eingangsstufe für alle weiteren Trainerqualifikationen dient.

Training im Grundlagenalter

Als Orientierungsrahmen für das Grundlagenalter kann man im Fußball den Altersbereich von 8 bis 12 Jahren annehmen. Dabei benutzt man das kalendarische Alter (das Alter wird nach Jahren und Monaten gemessen) als Bezugsgröße. Dieses kann jedoch aus Gründen der häufig zu beobachtenden Entwicklungsverschiebungen in diesem Altersbereich nicht als alleiniger Maßstab gelten. Das biologische Alter (das Alter wird nach dem körperlichen und psychischen Entwicklungsstand klassifiziert) ist meist ein geeigneteres Kriterium, um Entscheidungen hinsichtlich der Inhalte und des Umfangs von Training zu treffen.

Als weitere zu berücksichtigende Faktoren kommen das Trainingsalter und das aktuelle Leistungsvermögen in allen relevanten Trainingsbereichen hinzu. Dies bedeutet, daß etwa ein zehnjähriger ‹Einsteiger›, der koordinativ nicht optimal vorgeschult ist, mit anderen Trainingsinhalten zu konfrontieren ist als ein Zehnjähriger, der bereits zwei oder gar drei Jahre regelmäßiges Training hinter sich hat. Weiterhin müssen selbstverständlich gleichaltrige Spieler, die koordinativ-technisch deutliche Unterschiede aufweisen, mit unterschiedlich schwierigen Aufgaben bedacht werden. Dieses Problem der «inneren Differenzierung», d. h. der je nach Trainingsalter und Leistungsniveau unterschiedlichen Trainingsangebote innerhalb derselben Trainingsgruppe, stellt sich in den meist sehr leistungsheterogenen Gruppen des Grundlagenalters ganz besonders.

MARTIN (1988, 104) unterteilt in Grundausbildung und Grundlagentraining, wobei diese zeitlich durchaus parallel laufen können. Die Grundausbildung strebt auf der Basis der Schulung und Verbesserung der allgemeinen koordinativen Fähigkeiten diejenigen Grundlagen an, die – gerade im Hinblick auf einen so langfristigen Leistungsaufbau wie im Fußball – die Voraussetzungen für das Erlernen und Verfügbarmachen der speziellen

Techniken bilden. Die Schulung der allgemeinen koordinativen Fähigkeiten muß demnach ein zentraler Schwerpunkt der Grundausbildung sein. Die Koppelung der Phase der Grundausbildung mit der Phase des Grundlagentrainings ist deshalb notwendig, weil bei einem normalen Trainingseinstieg die Zeit des besten motorischen Lernalters bis zum elften/zwölften Lebensjahr genutzt werden muß, um alle im Fußball wichtigen Bewegungsabläufe zu erlernen, d. h., man entwickelt die spezifischen technischen Grundlagen.

Das Problem der Existenz besonders günstiger Phasen der Fähigkeitsentwicklung, wie sie für die Bereiche Schnelligkeit, Ausdauer und Schnellkraft in der Abb. unten dargestellt sind (STIEHLER/KONZAG/DÖBLER 1988), wird gegenwärtig wieder diskutiert. BAUR (1987) vertritt dabei zu Recht die Auffassung, daß diese sogenannten ‹sensiblen› oder ‹sensitiven› Phasen wissenschaftlich exakt nicht nachgewiesen sind. Dennoch muß man auch MARTIN zustimmen, der argumentiert, daß die Nichtexistenz sensibler Phasen ebensowenig nachgewiesen ist und daß die langjährige Erfahrung aus der Trainingspraxis zeigt, daß beim Fehlen wesentlicher motorischer Vorerfahrungen aus dem allgemeinen und speziellen koordinativen Grundlagenbereich spätere Höchstleistungen erschwert oder gar unmöglich werden.

Abb.1: Kennzeichnung besonders günstiger Phasen der Fähigkeitsentwicklung

Fähig-keiten	Bewegungs-formen	8-9	9-10	10-11	11-12	12-13	13-14	14-15	15-16	16-17
Schnellig-keit	Lauf-schnelligkeit		▓	▓	▓					
Ausdauer	Kraftausdauer Beine und Rumpf			▓	▓	▓		▓	▓	
	Sprung-ausdauer	▓	▓							
Schnell-kraft	Weitsprung aus dem Stand		▓	▓						
	Hochsprung aus dem Stand	▓	▓	▓						
	Wurfkraft beidarmig		▓	▓		▓	▓			

▢ sensitive Perioden

Technik und Taktik

Die Lehr-Videofilme von WIEL COERVER (1988) «Treffer I-IV» belegen augenfällig und beeindruckend, zu welch hohen koordinativen Leistungen mit Ball Kinder bereits im Grundlagenalter fähig sein können. Unter dem Aspekt der Anwendbarkeit in Spielsituationen müssen diese ‹Kabinett-stückchen› allerdings nicht nur wie Zauberkunststücke oder akrobatische Übungen vorführbar sein, sondern müssen so früh wie möglich in konkretes Spielgeschehen integriert werden. Erst dadurch werden diese Ballfertigkeiten und Finten zu einem Teil des kindlichen Handlungsrepertoires unter Gegner-, Raum- und Zeitdruck im Spiel.

Darüber hinaus sollte man nicht vergessen, daß individuelles Können am Ball nicht zum Selbstzweck werden darf, sondern daß auf der Basis dieses Könnens das Kombinationsspiel in der Gruppe zu entwickeln ist – also: Aufmerksamkeit weg vom Ball und hin zur Situation. Diese Aufmerksamkeitsverschiebung zum Aufbau des Kombinationsspiels ist allerdings leichter zu erreichen, wenn die Ballfertigkeiten so entwickelt sind, daß sie ohne hohen Anteil an bewußter Kontrolle durchgeführt werden können.

Die Herausbildung der individuellen technischen Fertigkeiten bildet die Grundlage für die Entwicklung der elementaren individual- und gruppentaktischen Verhaltensweisen und für die später – nicht im Grundlagenalter – zu erreichende taktische Flexibilität im mannschaftstaktischen Verbund. Die dafür notwendige komplexe Orientierungsfähigkeit (vgl. S. 22) wird hier vorbereitet.

Im taktischen Bereich ist es im Grundlagenalter ausgesprochen wichtig, reichhaltige Erfahrungen in allen möglichen Spielpositionen zu sammeln. Daher ist es zu empfehlen, Spieler nicht nur im Training, sondern auch in richtigen Wettspielen alle vorhandenen Positionen vom Torhüter bis zur Sturmspitze durchlaufen zu lassen.

Ein weiterer Teil des Taktiktrainings beinhaltet das Kennenlernen der elementaren Fußballregeln, wobei insbesondere der Übergang vom Siebener-Spiel ohne Abseits zum Elfer-Spiel mit Abseits Probleme bereiten wird. Dies setzt allerdings voraus, daß auch der Betreuer die Abseitsregel kennt und auch zu formulieren weiß. Selbst erfahrene Profis und Fans haben gelegentlich ihre Probleme mit dem Formulieren der Abseitsregel. Dabei ist sie überraschend einfach: Jeder Spieler, der sich im Moment der Ballabgabe vor dem Ball befindet, ist abseits. Es sei denn, daß:

a) sich mindestens zwei Spieler des Gegners noch zwischen ihm und der gegnerischen Torauslinie befinden,
b) er sich in der eigenen Spielfeldhälfte befindet,
c) der Ball ihm vom Gegner zugespielt wird oder

d) er den Ball aus Einwurf, Abstoß, Eckstoß oder Schiedsrichterball
   erhält.

Das Kennenlernen der Abseitsregel im Übergang vom Spiel mit Siebener-
zu Elfer-Mannschaften läßt sich leicht in simulierte Spielsituationen einbauen, so daß die Kinder quasi spielerisch mit dieser Regel, die auch vielfältige individual-, gruppen- und mannschaftstaktische Konsequenzen
haben kann, vertraut gemacht werden.

Kondition
und Koordination

Der Schwerpunkt des Trainings im Grundlagenalter muß auf der Koordination, Geschicklichkeit und Gewandtheit liegen, wobei hier nicht auf die
Diskussion der wissenschaftlich-systematischen Abgrenzung dieser Begriffe eingegangen werden soll. Im Sinne einer vereinfachenden Sprachre-
gelung wird der Begriff «Koordination» einheitlich für diesen gesamten
Komplex der koordinativen Leistungsvoraussetzungen verwendet.

Die konditionellen Leistungsvoraussetzungen Kraft, Ausdauer und
Schnelligkeit weisen reifungsbedingt ohnehin beträchtliche Zuwachsraten
auf.

Auch wenn später Hinweise zum Training und zur Trainierbarkeit einzelner
konditioneller Faktoren gegeben werden, darf man nicht vergessen, daß
Konditionstraining im Grundlagenbereich vorwiegend in komplexer Form
ablaufen soll. Dies bedeutet, daß man nicht Kraft, Ausdauer oder Schnelligkeit isoliert trainiert, sondern daß man Trainingsformen wählt, die Kraft
und Koordination, Schnelligkeit und Koordination, Kraft und Ausdauer
etc. miteinander verbinden. Auch die Spielformen, die zum Einüben tech-
nischer und taktischer Fertigkeiten verwendet werden, schulen gleichzeitig
konditionelle Fähigkeiten.

Training der koordinativen Fähigkeiten

Wenn man Kinder (oder auch Jugendliche und selbst Erwachsene) mit Bewegungsaufgaben konfrontiert, die hohe Anforderungen an die Koordination stellen, geht man davon aus, daß das Üben mit dem Ziel des Erlernens einer noch nicht oder nur teilweise beherrschten Bewegung den erwünschten Nebeneffekt hat, daß eine allgemeine koordinative Fähigkeit aufgebaut wird, die das weitere Lernen neuer, unbekannter Bewegungsaufgaben erleichtert. Mit anderen Worten: Koordinationsschulung führt nicht nur zum Erlernen einer bestimmten Bewegung mit hohem koordinativem Niveau, sondern fördert auch die allgemeinen koordinativen Fähigkeiten, auf deren Basis spezielle koordinative Fähigkeiten und Fertigkeiten schneller und qualitativ höher erworben werden können. MARTIN (1988, 94) formuliert als Merksatz zur Bedeutung koordinativer Fähigkeiten für das Lernen und Anwenden von Bewegungen: «Gut entwickelte koordinative Fähigkeiten sind Voraussetzungen für das Erlernen, Verfeinern, Stabilisieren und Anwenden sportlicher Techniken und das ökonomische Ausnutzen konditioneller Fähigkeiten.»

Koordinative Fähigkeiten werden häufig in ihrer Gesamtheit als Gewandtheit bezeichnet. Im alltäglichen Sprachgebrauch tauchen auch Begriffe wie Wendigkeit und Geschicklichkeit auf. Inzwischen weiß man, daß solch globale Bezeichnungen den differenzierten Anforderungen an die koordinativen Fähigkeiten in den einzelnen Sportarten nicht mehr genügen, und hat deshalb versucht, den gesamten Komplex systematisch zu unterteilen.

STIEHLER/KONZAG/DÖBLER (1988) nennen in Anlehnung an BLUME (1978) fünf Hauptfähigkeiten für den Bereich der Sportspiele, bei denen das Vorliegen bereits geringer Defizite sich negativ auf das Leistungsniveau im Spiel auswirkt: Differenzierungsfähigkeit, Orientierungsfähigkeit, Reaktionsfähigkeit, Kopplungsfähigkeit und Umstellungsfähigkeit.

Die Tatsache, daß bei MARTIN (1988) statt der Kopplungs- und Umstellungsfähigkeit Rhythmus- und Gleichgewichtsfähigkeit (in Anlehnung an HIRTZ 1985) in den Komplex der koordinativen Fähigkeiten aufgenommen werden, zeigt, daß – je nach Betrachtungsweise – der Bestand der wesentlichen koordinativen Fähigkeiten sich von Sportart zu Sportart unterscheiden kann.

Differenzierungsfähigkeit

Unter Differenzierungsfähigkeit wird die Fähigkeit verstanden, auch unter Gegner- und Zeitdruck noch sehr präzise Bewegungen mit, aber auch ohne Ball durchführen zu können.

Im weichen, gefühlvollen Spielen des Balles, aber auch in der Fähigkeit, explosiv zu schießen, wird Differenzierungsfähigkeit erkennbar. ‹Geschmeidige› Abwehrspieler unterscheiden sich durch sie von den ‹hölzernen›. Zugrunde liegt die Fähigkeit zum dosierten Krafteinsatz. Aufgaben wie den Ball so weit wie möglich zu schießen und dann – beim nächsten Schuß – genau halb so weit oder das Vorgeben von Zielbereichen in verschiedenen Entfernungen, die möglichst genau zu erreichen sind, schulen u. a. die Differenzierungsfähigkeit (z. B. Konstruktion einer Torwand, bei der die Zielbereiche veränderbar sind).

Orientierungsfähigkeit

Die Orientierungsfähigkeit stellt eine sehr komplexe koordinative Fähigkeit dar. Sie bezeichnet die Fähigkeit zur Wahrnehmung der eigenen Person in Relation zur Position auf dem Spielfeld, zu Mitspielern, Gegenspielern, Ball und Tor. Dabei ist zu berücksichtigen, daß diese Situation nicht nur statisch erfaßt werden muß, sondern daß durch die Dynamik des Spiels nahezu ständig Veränderungen in Raum und Zeit auftreten. Alles ist in Bewegung, und der einzelne Spieler muß auf der Grundlage seiner Orientierung sich für die jeweils passende Spielhandlung entscheiden. Die Orientierungsfähigkeit ist somit die Grundlage taktisch richtigen Verhaltens auf individual-, gruppen- und mannschaftstaktischer Ebene. Anzustreben ist die weitgehend automatisierte Beherrschung der Technik, da dann ein Spieler den größten Teil seiner Aufmerksamkeit auf sein Umfeld konzentrieren kann. Es ist klar, daß eine solch komplexe Fähigkeit nur in einem langfristig angelegten Lernprozeß entwickelt werden kann.

Alle Spiel- und Übungsformen, bei denen von den Kindern verlangt wird, die Aufmerksamkeit nicht nur auf den Ball, sondern auch auf Mit- und/oder Gegenspieler zu lenken, dienen der Ausbildung der Orientierungsfähigkeit. Beispiel: Der Spieler überwindet einen unregelmäßig gesteckten Slalomlauf und muß danach in eine vom Trainer angezeigte Torecke schießen (oder in die Ecke, die vom Torhüter bewußt freigegeben wird). Weiterhin sind Spielformen mit mehreren Bällen und/oder Toren für die Schulung der Orientierung auf dem Spielfeld vorteilhaft.

Reaktionsfähigkeit

Als Reaktionsfähigkeit wird die Fähigkeit eines Spielers bezeichnet, möglichst schnell und angemessen auf Signale aus seinem Spielumfeld zu reagieren. Sie steht damit in engem Zusammenhang mit der Orientierungsfähigkeit, da nur dann angemessen reagiert werden kann, wenn ein Spieler sich zuvor richtig orientiert hat. Signale aus dem Umfeld können akustisch und/oder visuell (weniger häufig auch über Körperkontakte) erfolgen. Bei Übungen zur Verbesserung der Reaktionsfähigkeit muß daher auf unterschiedliche Reizgebung geachtet werden. Weiterhin muß man berücksichtigen, daß Signale erwartet werden können oder aber unerwartet auftreten – eine Situation, die ebenfalls im Training simuliert werden kann. Von besonderer Bedeutung ist die Tatsache, daß es in ein und derselben Situation oft mehrere Möglichkeiten gibt, richtig zu handeln. Dies bedeutet, daß man die Spieler beim Schulen der Reaktionsfähigkeit in Situationen stellen muß, in denen sie nicht nur auf verschiedene Reize reagieren müssen, sondern in denen sie auch noch aus verschiedenen Reaktionsweisen eine passende auswählen müssen.

Kopplungsfähigkeit

Mit Kopplungsfähigkeit bezeichnet man die Fähigkeit von Spielern, unterschiedliche Bewegungen gleichzeitig und/oder aufeinanderfolgend möglichst effektiv zu verbinden. Hierzu gehören Bewegungskombinationen wie Laufen und Hochspringen, Fallen und Schießen, Hechten und Köpfen (Flugkopfball) etc. Im Zusammenwirken mit der Orientierungsfähigkeit wird die Kopplungsfähigkeit bedeutsam, wenn es etwa darum geht, einen weiten Flankenball im Sprung per Kopf in Richtung Tor oder Mitspieler zu befördern. Der Spieler muß Richtung und Geschwindigkeit des Balles, eigene Position und Tempo, eventuell den Abstand zu einem Gegenspieler und die Richtung zum Tor mit der Position des Torhüters in Einklang bringen, um einen Kopfstoß erfolgversprechend ansetzen zu können.

Zur Schulung der Kopplungsfähigkeit dienen alle Formen von Bewegungskombinationen mit und ohne Ball. Auf der Basis breiter Bewegungserfahrungen werden fußballspezifische Kombinationsformen mit höherer Erfolgswahrscheinlichkeit erworben als bei nur fußballbezogener Ausbildung.

Am stärksten wird die Kopplungsfähigkeit gefordert, wenn es um die Ausführung von Finten geht, da man dann eine täuschende Bewegung so überzeugend mit einer nachfolgenden Bewegung koppeln muß, daß der Gegenspieler ihre eigentliche Absicht nicht erkennt.

Umstellungsfähigkeit

Während einer Spielhandlung kommt es häufig vor, daß man aufgrund überraschender, nicht erwarteter Reaktionen von Mit- oder Gegenspielern oder auch durch Boden- und Witterungseinflüsse bedingt die Handlung nicht so zu Ende führen kann, wie sie geplant war. Man muß daher den Handlungsablauf stark abändern, unter Umständen abbrechen und durch einen völlig neuen Lösungsversuch ersetzen. Die Fähigkeit zur Korrektur einer Bewegung bzw. ihres Ersatzes durch eine andere – angemessenere – nennt man Umstellungsfähigkeit.

In ihr verbinden sich ebenfalls weitere koordinative Fähigkeiten. So benötigt man die Orientierungsfähigkeit zur Analyse der Situation, die Kopplungsfähigkeit zur Kombination u. U. ungewohnter Bewegungselemente, die bei gut ausgeprägter Reaktionsfähigkeit dann zu einer optimalen Umstellung der Handlungsausführung beitragen.

Alle Formen von Bewegungsaufgaben, bei denen die Kinder auf vorhersehbare oder unvorhersehbare Signale hin ihre bereits begonnenen Bewegungen verändern oder abbrechen und durch andere ersetzen müssen, schulen die Umstellungsfähigkeit. Ein geläufiges Beispiel findet sich im «Schattenlaufen», bei dem ein Spieler mit Ball einem vorauslaufenden Spieler (mit oder ohne Ball) folgen muß.

Des weiteren wird in Wahlsituationen die Umstellungsfähigkeit gefordert. In ihnen stehen z. B. drei Alternativen zur Wahl: Torschuß, Dribbling oder Abspiel. Der Spieler erhält die Instruktion, sich je nach Zeichen des Trainers oder je nach Verhalten von Mit- oder Gegenspielern für eine der drei Alternativen zu entscheiden. Nun kann das Zeichen des Trainers (bzw. das Verhalten der Mit- oder Gegenspieler) so gesteuert werden, daß der Spieler auf jeden Fall eine Umstellung seiner laufenden Handlung vornehmen muß. Eine Situation, die neben der Umstellungsfähigkeit sehr stark die Orientierungsfähigkeit anspricht.

Zur Praxis des Koordinationstrainings

In der Fachliteratur (Hirtz 1985; Weineck 1987; Martin 1988; Stiehler/Konzag/Döbler 1988) finden sich allgemeine Hinweise zur Gestaltung des Trainings zur Entwicklung koordinativer Fähigkeiten. Sie weisen ein hohes Maß an Übereinstimmung auf und sollen hier in Form von Merksätzen dargestellt werden:

1. Die Schulung allgemeiner koordinativer Fähigkeiten geht der Schulung spezieller, sportartspezifischer koordinativer Fähigkeiten voran. Hierfür eignen sich im Grundlagenalter alle Formen von Bewegungssportarten: Turnen, Schwimmen, Rollschuhlaufen, Skilaufen, die ‹Kleinen Spiele› und alle ‹Großen Spiele› etc., kurz: alle Formen von Sportarten, die einen möglichst vielfältigen Erfahrungsschatz an Bewegungsmustern vermitteln können. Neben den koordinativen werden dabei selbstverständlich andere wesentliche motorische Grundeigenschaften geschult (etwa Kraft, Schnellkraft, Gleichgewicht etc.).

2. Spezielle Koordination orientiert sich an den sportartspezifischen Anforderungen im Technikbereich und strebt die Beherrschung der Feinform der angezielten Technik an.

3. Koordinative Fähigkeiten allgemeiner und spezieller Art sollten im wesentlichen nicht isoliert geübt werden. Es ergibt sich aber die Möglichkeit der Schwerpunktsetzung für bestimmte koordinative Bereiche.

4. Koordinationstraining beinhaltet die Konfrontation der Übenden mit neuartigen, unbekannten Aufgaben. Sie sollten mit steigendem Schwierigkeitsgrad angeordnet werden. «Im Gegensatz zum Fertigkeitstraining sind beim Training koordinativer Fähigkeiten weniger Wiederholungen je Übung, aber dafür ein Mehr an verschiedenartigen Übungen... zu fordern» (Stiehler/Konzag/Döbler 1988, 122).

5. Beim Üben sollten bereits beherrschte mit noch nicht beherrschten Aufgaben wechseln, damit Frustrationen und Konzentrationsüberlastungen vermieden werden.

6. Unbekannte Übungen sollten stets in ermüdungsfreiem Zustand angeboten werden. Andererseits können bereits gekonnte Übungen nach Phasen der Belastung als Mittel der aktiven Pause eingesetzt werden. Die Kinder lernen, sich in bereits etwas ermüdetem Zustand auf die koordinativen Anforderungen gekonnter Übungen zu konzentrieren.

7. Bei nur einmaligem Üben während einer Trainingswoche entstehen zu große Pausen. Es bietet sich daher an, den Kindern ‹koordinative Hausarbeiten› aufzugeben und deren Erfolg zu kontrollieren (belohnen). Hausarbeiten ermöglichen auch ein individuelles Eingehen auf die Kinder, wodurch u. U. vorhandene spezielle Rückstände aufgearbeitet werden können.

Beweglichkeitstraining

Grundsätzlich lassen sich alle motorischen Eigenschaften in jeder Phase der kindlichen und jugendlichen Entwicklung fördern. Doch sind die Anpassungsreaktionen auf Trainingsreize nicht in jeder Entwicklungsstufe gleich lohnend. Man spricht in diesem Zusammenhang auch von der «lohnenden Trainierbarkeit».

Das Kindes- und Jugendalter ist ein besonders günstiger Zeitraum für die Ausprägung der Beweglichkeit. Die natürliche Gelenkbeweglichkeit ist in diesem Abschnitt am größten. Bereits nach dem zehnten bis zwölften Lebensjahr beginnt sie stetig abzunehmen, wenn keine entsprechenden Trainingsreize gesetzt werden. Im Gegensatz zu anderen konditionellen Fähigkeiten dient hier Training nicht so sehr der Steigerung, sondern mehr der Erhaltung des Beweglichkeitsniveaus. Beweglichkeitstraining wirkt in diesem Falle hauptsächlich einer negativen Entwicklung entgegen (WEISS 1983).

Die Beweglichkeit wird traditionell auch im Fußball durch Gymnastik gefördert. Bei der Auswahl von Trainingsübungen und bei der Bemessung der Trainingsbelastung allerdings dient in aller Regel die angestrebte fußballtypische Beweglichkeit als Maßstab, nicht aber die biologisch-funktionalen Voraussetzungen des heranwachsenden Bewegungsapparats. Jugendtrainer sind deshalb in die Verantwortung zu nehmen und darauf hinzuweisen, daß der noch junge Organismus zwar «formbar» ist, doch niemals «verformt» werden sollte. Für alle, die sich systematisch mit Kindern und Jugendlichen im Fußballtraining beschäftigen, liegt hierin Chance und Fluch zugleich. Einerseits können durch Sport entscheidende Entwicklungsreize gesetzt werden, andererseits ist das bis zum Abschluß des Längenwachstums (Mädchen ca. 16–17 Jahre; Jungen ca. 18–19 Jahre) nicht ausgereifte Skelett besonders stark in seiner substantiellen Struktur gefährdet, wenn ihm über einen längeren Zeitraum falsche Belastungen und nicht ausreichende Regenerationszeiten zugemutet werden.

Sportmediziner in der DDR haben den Funktionszustand und die Anpassungsreaktionen der Muskulatur regelmäßig trainierender Kinder über einen Zeitraum von zwei Jahren verfolgt (s. Tab. rechts). Sie konnten u. a. feststellen, daß Muskelverkürzungen, die in der ersten Untersuchung selten bestanden, für alle geprüften Muskeln mit Ausnahme des Lendenanteils des Rückenstreckers an Häufigkeit und Intensität zunahmen (RUMLER/URBAN 1986). Beschwerden in den Kniegelenken standen unmittelbar im Zusammenhang mit Verkürzungen des Geraden Kopfes des Kniegelenkstreckers, jenem Anteil der Oberschenkelmuskeln, der im Fußball beim Schießen und Sprinten in ganz besonderer Weise gefordert wird.

Muskel	Befund	1. Untersuchung n = 85	nach zwei Jahren n = 34
Gerader Kopf des Quadrizeps (m. rectus femoris)	gering verkürzt verkürzt stark verkürzt	45,9% 11,8% 0%	17,6% 79,6%* 2,9%
Kniegelenkbeuger (mm. ischiocrurales)	gering verkürzt verkürzt stark verkürzt	11,8% 5,9% 0%	8,8% 70,6%* 0%
Wadenmuskeln Schollenmuskel (m. soleus) Zwillingsmuskel (m. gastrocnemius)	verkürzt verkürzt	16,5% 16,5%	41,2%* 11,8%
Hüftgelenkbeuger (m. iliopsoas) Rückenstrecker (Lendenanteil) (m. erector spinae)	gering verkürzt verkürzt gering verkürzt	16,5% 3,5% 16,0%	23,5% 8,8% 8,8%
Adduktoren Abduktoren (m. tensor fasciae) (m. tensor fasciae latae)	verkürzt verkürzt	1,2% 0%	2,9% 5,9%

Tab. 1: Funktionstest nach JANDA der zur Verkürzung neigenden Beinmuskulatur bei regelmäßig trainierenden Kindern (modifiziert nach RUMLER/URBAN 1986, 42) Die Tabelle weist eine starke Verkürzungsneigung der zweigelenkigen Kniestrecker und Beuger deutlich aus (*). Beide Muskelgruppen stehen in engem funktionalem Zusammenhang mit der Becken- und Wirbelsäulenstellung. Auch der Schollenmuskel reagiert noch auffällig mit Verkürzung, was für die Belastungsverträglichkeit der Achillessehne nicht ohne Bedeutung ist. Bleiben solche Anpassungserscheinungen unerkannt, stellen sie für den sehr formbaren passiven Bewegungsapparat der Heranwachsenden ein ernst zu nehmendes Risiko dar KNEBEL/HERBECK/HAMSEN 1988, 98).

Auch Rückenschmerzen konnten in Beziehung mit Verkürzungen der Knie- und Hüftbeugemuskulatur gebracht werden.

Aus den Beobachtungen wird gefolgert, daß ausschließlich sportarttypisches Training keineswegs ausreicht, um einen optimalen Funktionszustand der Muskulatur aufrechtzuerhalten. Dazu bedarf es schon beim Fußballnachwuchs weiterer «muskelpflegender» Maßnahmen, wie eine dem kindlichen Sportverständnis angepaßte, regelmäßige Gymnastik, in der funktionelle Dehnungs- und Kräftigungsübungen als Ausgleich und Ergänzung des Fußballtrainings im Vordergrund stehen.

Auf den bedeutsamen Nutzen gymnastischer Übungen wird auch im Lehr-
plan 3 (S. 92) hingewiesen: «Beim Training der Gelenkbeweglichkeit muß
darauf geachtet werden, daß die angebotenen Übungen auch wirklich auf
die Verbesserung der Elastizität der das Gelenk umgebenden Muskeln,
Sehnen, Kapseln und Bänder ausgerichtet sind.» Was allerdings die Sehnen, Kapseln und Bänder betrifft, so liegt hier ein in der Trainingslehre
häufig anzutreffendes falsches Verständnis der (Gelenk-)Beweglichkeit
und ihrer lohnenden Trainierbarkeit vor.

Für das *Beweglichkeitstraining* mit Kindern und Jugendlichen bei einem
noch nicht ausgereiften Bewegungsapparat sind nachstehende Regeln besonders wichtig:

- Bei der Anwendung beweglichkeitsfördernder Gymnastik (z. B. Metho-
  den des Stretching) muß auf exakte Ausführung der Übungen geachtet
  werden.
- In zahlreichen Anleitungen zum Stretching im Sport werden Übungsaus-
  führungen empfohlen, die in keiner Weise der Zielrichtung dieser Deh-
  nungstechnik entsprechen. Sie sind dann wenig wirksam. Wenn sie darüber hinaus die Gelenke in endgradiger Auslastung noch fehlbeanspru-
  chen, sind sie für das Nachwuchstraining abzulehnen. Nur funktionelle
  Stretching-Übungen bei richtiger Anwendung und Ausführung erhalten
  die Gelenkbeweglichkeit. Falsche Anwendungen sind auf Dauer un-
  wirksam und können schaden.
- Gerade im Kinder- und Jugendsport müssen Kraft und Beweglichkeit
  parallel gefördert werden. Doch vor der Pubertät ist bei Jungen und
  Mädchen die Anpassungsgeschwindigkeit hinsichtlich der Kraftfähigkeiten verlangsamt. Beweglichkeit läßt sich dagegen besser entwickeln.
  Eine gute Gelenkbeweglichkeit ist aber nur dann erreicht, wenn eine
  angemessene Muskelkraft die Funktion des Gelenks unterstützt.
  Beispiel: Zur Ausführung eines technisch sauberen Spannstoßes wird
  eine gute Streckfähigkeit (Beweglichkeit) des Fußes verlangt, die mit
  mehr oder weniger wirkungsvollen Übungen schon früh trainiert wird.
  Selten jedoch wird parallel dazu die Schienbeinmuskulatur in spezifi-
  scher Weise gekräftigt, obgleich der Tritt gegen den 340–390 Gramm
  schweren Jugendball für den ‹Fußballknirps› jedesmal einen gelenkbela-
  stenden ‹Kraftakt› darstellt. Kann aber der Fuß in endgradiger Strek-
  kung nicht muskulär stabilisiert werden, entstehen beim Spannstoß Zug-
  wirkungen auf die Befestigung der Gelenkkapsel, die schon früh die
  Grundlage für fußballtypische Beschwerden (z. B. «Fußballerknöchel»;
  vgl. PETERSON/RENSTRÖM 1987) legen können. Kräftigungsübungen der
  vorderen Schienbeinmuskulatur dienen deswegen der Schadensvorbeu-
  gung und sollten zum Standard-Kraftprogramm des Fußballers gehören.

Abb. 2 (nach HOFFMANN u. a. 1982):
Setzt man Umfang und Gewicht des
Balls ins Verhältnis zu Körpergröße
und Gewicht des Spielers, müßte ein
Erwachsener (Ballgewicht 396 bis
453 g, Umfang 68–71 cm) im Vergleich zu einem F- oder E-Schüler
eine Ballmasse von 730–820 g bei
einem Umfang von 90–96 cm bewegen. Der Kapsel-Band-Apparat des
Fußgelenks beim Heranwachsenden
wird somit im Verhältnis zu seinen
körperlichen Voraussetzungen einer
doppelt so großen Ballmasse ausge-
setzt.
Wird diesen beträchtlichen mechani-
schen Beanspruchungen z. B. im
Konditionstraining durch vorbeu-
gende Kräftigung der Schienbeinmuskulatur nicht frühzeitig begeg-
net, sind bereits im Kindes- und Jugendalter ideale Grundlagen für
einen späteren Sportschaden (z. B.
«Fußballerknöchel») gelegt (vgl.
HESS 1981).

● Funktionale Stretching-Übungen beziehen ihre Wirkung aus speziellen
Ausführungstechniken. Kindern fehlt häufig noch die intellektuelle
Reife, um die Notwendigkeit ihrer Anwendung einzusehen. Nach-
wuchstrainer benötigen deswegen mehr Überzeugungskraft und Enga-
gement, um auch solches weniger attraktive Übungsgut anzubringen.
Die Erfahrungen im Training mit Kindern zeigen, daß «Anspannungs-
Entspannungs-Dehnen» (postisometrische Relaxation) diesem Alter
kaum zugänglich ist, dagegen die Techniken des gehaltenen Dehnens
sehr wohl verstanden werden.

(Der Abschnitt «Beweglichkeitstraining» wurde aus dem Buch «Fußball-
Funktionsgymnastik» von K.-P. KNEBEL/B.HERBECK/G. HAMSEN über-
nommen.)

Krafttraining

Die motorische Leistungsvoraussetzung Kraft wird i. a. in Maximalkraft, Schnellkraft und Kraftausdauer unterteilt.

Das Krafttraining im Grundlagenalter wird häufig unter dem Aspekt diskutiert, daß eine Verbesserung der Kraftfähigkeiten nur durch eine Zunahme des Muskelquerschnitts erreichbar sei. Daher könne man Kraft ‹lohnend› erst dann trainieren, wenn eine ausreichende Menge des Sexualhormons Testosteron in den Muskelzellen zur Verfügung steht. Nach MARTIN (1988) wird der Zeitpunkt dafür im Alter von etwa 10 Jahren angesetzt, doch muß man die Möglichkeit beträchtlicher Entwicklungsverschiebungen in Betracht ziehen.

Neben dem Muskelquerschnitt, der sicherlich eine bedeutende Rolle bei der Erbringung von Kraftleistungen spielt, dürfen weitere Faktoren der Herausbildung von Krafteigenschaften nicht übersehen werden. Sie legen den Schluß nahe, daß gezieltes Krafttraining im Grundlagenalter durchaus sinnvoll eingesetzt werden kann. Diese Faktoren sind:

● **Die Verbesserung der inter- und intramuskulären Koordination**
Darunter versteht man zum einen die Zusammenarbeit der am Bewegungsablauf beteiligten Muskeln und Muskelschlingen (intermuskulär), zum anderen die Verbesserung der Zusammenarbeit von zentralem Nervensystem und Skelettmuskulatur (intramuskulär). Die intermuskuläre Koordination bedingt ein hohes Maß an Bewegungsökonomie, das heißt, daß die Bewegung mit minimalem Aufwand zu einem optimalen Verlauf gebracht wird. Die intramuskuläre Koordination ergibt sich im wesentlichen aus der spezifischen Beanspruchung des Nerv-Muskel-Gefüges, das durch ‹Bahnung› bzw. das ‹Einschleifen› synaptischer Schaltungen erklärt wird.
Sowohl inter- als auch intramuskuläre Koordination hängen von Umfang und Qualität des Erfahrungsschatzes an Bewegungen ab. Somit lassen sie sich durch eine Vielzahl verschiedener Bewegungsaufgaben bzw. das gezielte Üben einer Aufgabe verbessern.

● **Das Erreichen eines angepaßten Energiestoffwechsels**
MARTIN (1988, 59) weist darauf hin, daß «... im Training der kindliche Organismus bei bestimmten Beanspruchungsformen mit den gleichen Anpassungen reagiert wie der des Erwachsenen. Der Energiestoffwechsel ist demnach nicht von reifebedingten Vorgängen, sondern von der Art der Muskeltätigkeit abhängig.» Dies bedeutet, daß die Energieträger (Kohlehydrate und Fette) und damit die Art der Ernährung eine nicht unwesentliche Rolle spielen.

● **Die Berücksichtigung der relativen Kraft**

Die relative Kraft ergibt sich aus dem Verhältnis von Muskelmasse zu gesamtem Körpergewicht. Anzustreben ist eine Verringerung der ‹unfunktionalen› Körpermasse und eine Vermehrung der ‹fettfreien› Masse, wodurch sich die relative Kraft zum Positiven hin verschiebt. Dieser Faktor ist bei Talentsichtungen insofern von Bedeutung, als akzelerierte (entwicklungsbeschleunigte) Kinder aufgrund ihrer absolut höheren Körpermasse sich gegen Kinder mit niedrigerer Körpermasse in der konkreten Spielsituation sehr häufig durchsetzen, obwohl ihre relative Kraft geringer ist. Für den verantwortlichen Trainer stellt sich dann die Frage, ob er dem aktuell effektiveren Spieler den Vorzug gibt oder dem u. U. langfristig mit besseren Perspektiven ausgestatteten ‹Kleineren›; eine Situation, die sich nur mit Fingerspitzengefühl, Erfahrung und manchmal auch etwas Glück lösen läßt.

● **Die Motivation zum Erbringen einer Kraftleistung**

Sie ist insbesondere beim Verlangen nach maximalen Krafteinsätzen von Bedeutung, doch spielt sie auch bei submaximalen Krafteinsätzen im Sport eine Rolle, wenn aufgrund zu hoher Aktivierung eine Verkrampfung mit zu hohem Muskeltonus erfolgt oder wenn aufgrund zu niedriger Aktivierung Wille und Konzentration für einen angemessenen Krafteinsatz nicht ausreichen. Die Interaktion von psychischen (Wille, Motivation, Aktivierung) und neurophysischen Leistungsfaktoren (inter- und intramuskuläre Koordination) wird dabei offensichtlich.

Ein erfahrener Trainer wird je nach Situation bremsend (beruhigen, Aufgabenwechsel etc.) oder anregend wirken (Konkurrenz wecken, Belohnung aussetzen etc.).

Wie neuere Untersuchungsergebnisse erkennen lassen, ist Maximalkraft im Grundlagenalter bereits lohnend trainierbar (STEINMANN 1988), und erzielte Kraftgewinne bleiben erhalten, auch wenn spezifische Trainingsreize abgesetzt werden (LETZELTER / DIEKMANN 1986). Dieser Befund scheint darauf hinzudeuten, daß solche Trainingsfortschritte im Kraftbereich, die stabil sind und «zu einem dauernden Besitz» werden (STEINMANN 1988, 182), im Sinne einer Verbesserung der koordinativen Kraftvoraussetzungen zu interpretieren sind. Die Kinder haben ‹gelernt›, den Bewegungsablauf kraftbezogen koordinierter durchzuführen.

Risiken des Krafttrainings mit Kindern

Neben der Frage, ob Kraft in diesem Altersbereich lohnend trainiert werden kann, werden vor allem die Risiken des Krafttrainings mit Kindern diskutiert. Dabei wird mit dem Begriff des Krafttrainings häufig die Vorstellung von Krafttraining im Kraftraum mit Hanteln und an Kraftmaschinen verbunden. In der Tat birgt unsachgemäßes Training an Maschinen – aber auch ohne Maschinen – ein nicht unbeträchtliches Schädigungsrisiko im orthopädischen Bereich, da der Bewegungsapparat der Heranwachsenden noch nicht ausreichend gefestigt ist.

Minimieren und völlig beseitigen kann man die Risiken des Trainings an Kraftmaschinen durch präzise Kenntnis der anatomischen Voraussetzungen und funktionsgymnastischer Grundsätze der Kräftigung. Überlastungen der Wirbelsäule durch unfunktionale Bewegungsausführung sind ebenso zu vermeiden wie zu große Gewichte an Maschinen. Als Belastung reicht das Körpergewicht der Kinder aus, so daß die – zwar motivierenden – Partnerübungen zur Kräftigung vermieden werden sollten.

Da man im allgemeinen nicht davon ausgehen kann, daß funktionsgymnastische Prinzipien auf breiter Ebene bekannt sind, sollte Krafttraining an Maschinen nur unter Anleitung entsprechend ausgebildeter Fachkräfte durchgeführt werden. Ansonsten geben die Leitsätze auf S. 34 eine Orientierung für die Praxis (KNEBEL/HERBECK/HAMSEN 1988, 104).

Insbesondere ist auf die Herausbildung muskulärer Ungleichgewichte (Dysbalancen), die durch sportarttypische Beanspruchungsformen entstehen, zu achten und ihnen durch entsprechende funktionsgymnastische Maßnahmen entgegenzuwirken. So wird im Fußball die Streckmuskulatur der Beine in Verbindung mit den Hüftbeugern durch fußballtypische Bewegungen (Antreten, Abstoppen, Springen und Landen) besonders beansprucht, was sich in einer verstärkten Ausbildung dieser Muskeln bemerkbar macht. Auch wenn im vorpuberalen Bereich diese Ausprägungen nicht augenfällig werden, ist doch auf eine ausreichende gleichzeitige Kräftigung und Dehnung der Kniebeuger (Muskulatur auf der Rückseite der Oberschenkel) zu achten. Dies muß in Verbindung mit einer Kräftigung der gesamten Rumpfmuskulatur erfolgen, da diese als ‹Puffer› für die von der Körperperipherie wirkenden Stöße wirkt und somit die Belastung des Bewegungsapparates verringert.

Abb. 3 (rechts): Alle diese weithin bekannten Kräftigungsübungen für Kinder und Jugendliche stellen eine ungünstige Belastung des Übergangsbereichs «Lendenwirbelsäule – Kreuzbein» dar (aus: KNEBEL/HERBECK/HAMSEN 1988, 103).

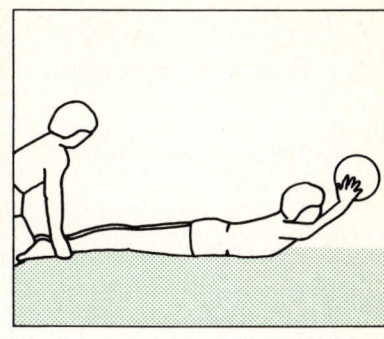
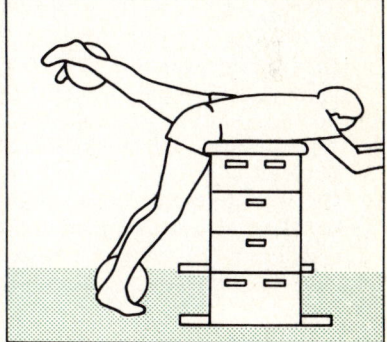
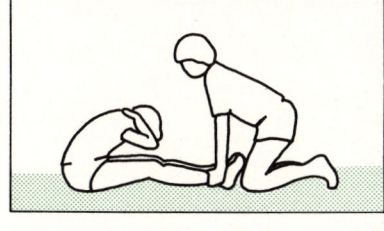
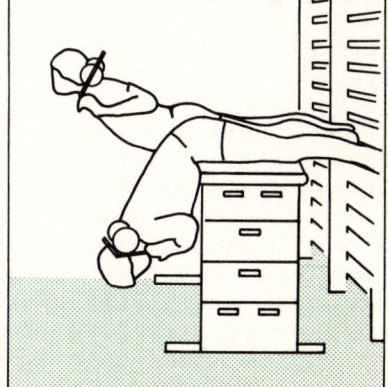
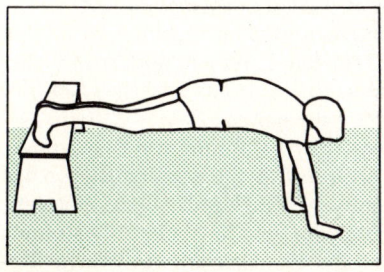

Abb. 3

Leitsätze für das Krafttraining vor Abschluß der Pubertät

- Bei Auswahl, Dosierung und Anwendung von Hilfsmitteln stets die andere Belastbarkeit des Knochen- und Knorpelgewebes berücksichtigen.
- In der Ausführung von Kraftübungen sind Fehlbeanspruchungen des Bewegungsapparats, insbesondere der Wirbelsäule zu vermeiden.
- Hinter scheinbar harmlosen, kindgemäßen Übungen verbergen sich ebenfalls Gefahren, wenn sie als Trainingsübungen mit steter Regelmäßigkeit angewandt werden.
- Partnerübungen sind attraktiv; doch das Körpergewicht des Partners als Zusatzlast ist im Training mit Heranwachsenden oft eine nicht angemessene Belastung.
- Die Trainingswirkung auf Kraftreize bei Kindern beruht wegen fehlender Sexualhormone nicht auf einer Querschnittsvergrößerung der Muskeln, sondern auf einem verbesserten Zusammenspiel von Nervensystem und Muskelfunktion (intramuskuläre Koordination).
- Die Anforderungen im leistungsorientierten Training und Spiel hinsichtlich der Kraftfähigkeiten sind auch bei Kindern beträchtlich. Der noch nicht verfestigte Bewegungsapparat «verdaut» sie besser, wenn günstige Kraftvoraussetzungen geschaffen wurden.

Schnelligkeitstraining

In der Trainingslehre unterscheidet man Aktionsschnelligkeit und Reaktionsschnelligkeit. Die Reaktionsschnelligkeit wird im allgemeinen mit der Reaktionszeit gleichgestellt, d. h. der Zeitspanne, die ein Spieler braucht, bis er auf einen ankommenden Sinnesreiz reagiert. Als typisches Beispiel kann die Torhüterreaktion bei einem Strafstoß gelten.

Aktionsschnelligkeit liegt dann vor, wenn die Ausführung von Bewegungsabläufen mit minimalem Zeitaufwand gefordert ist. Sie ist abhängig von der vorhandenen Kraft sowie von koordinativen Fähigkeiten. Ganz entscheidend wird sie von der Faserzusammensetzung der Muskulatur bestimmt. Da sie sich – wenn überhaupt – nur sehr schwer ändern läßt, stößt Schnelligkeitstraining am ehesten auf erbliche Grenzen, auch wenn sie sich durch

Kraft und Koordinationstraining durchaus steigern läßt. Im frühen und späten Schulkindalter verbessern sich durch Reifung sowohl die Reaktionsschnelligkeit als auch die Aktionsschnelligkeit.

In komplexen Spielsituationen wie im Fußball hängen Reaktionszeit und Aktionsschnelligkeit stark zusammen.

Beim Schnelligkeitstraining können sehr gut spielerische Formen wie Staffeln und Fangspiele eingesetzt werden. MARTIN (1988) weist darauf hin, daß die Berücksichtigung einer kurzen Belastungsdauer von großer Bedeutung ist. Sie muß so kurz sein, daß sie im Bereich der sogenannten alaktaziden Energiebereitstellung bleibt, was einer Zeitspanne von bis zu 5 Sekunden entspricht. Alaktazid bedeutet, daß bei den Stoffwechselprozessen, die bei diesen Belastungen ablaufen, kein Laktat als Endprodukt gebildet wird.

In Übungs- und Spielformen, bei denen die Kinder aus verschiedenen Startpositionen auf unterschiedliche Signale reagieren müssen, können Reaktionsfähigkeit, Aktionsschnelligkeit und Koordination gleichermaßen komplex entwickelt werden.

Ausdauertraining

Die Ausdauerleistungsfähigkeit von Kindern im vorpuberalen Bereich wird im allgemeinen als viel zu niedrig eingeschätzt. MARTIN (1988, 48) faßt als aktuellen Kenntnisstand zur Ausdauerleistungsfähigkeit von Kindern zusammen: «Kinder verfügen im ersten Lebensjahrzehnt vor allem über langsame Muskelfasern (STF), während die Muskulatur untrainierter Erwachsener zu ca. 50 Prozent aus Muskeln des langsamen Fasertyps besteht. Dieser Befund verweist darauf, daß die Muskulatur der Kinder des Vorschul- und frühen Schulkindalters gut für Ausdauerleistungen ausgestattet ist, weil ST-Fasern ihre Leistungen fast ausschließlich durch die aerobe Energiebereitstellung erbringen.»

Die gute Ausdauerleistungsfähigkeit von Kindern kommt auch dadurch zustande, daß bei ihnen die Relation von Größe zu Gewicht günstiger ist als bei Erwachsenen und dadurch weniger Kraftaufwand bei Ausdauerleistungen nötig wird. Hinzu kommt, daß die maximale Sauerstoffaufnahme bei Kindern bezogen auf das Körpergewicht ebenfalls günstiger ist als bei Erwachsenen.

Zur Verbesserung der Ausdauerleistungsfähigkeit ist ein hoher Belastungsumfang notwendig, der bei bereits etwas ausdauertrainierten Kindern bei mindestens 30 Minuten liegt. Dies bedeutet, daß in einer etwa 60–70minütigen Trainingseinheit die Schulung der Ausdauerleistungsfähigkeit einen zu großen Raum einnehmen würde. Hinzu kommt, daß bei Trainingseinheiten, die generell mit einem Spiel enden, bereits spielimmanent die spezielle Ausdauerleistungsfähigkeit geschult wird. Eine Verbesserung der Ausdauerleistungsfähigkeit durch separate Trainingsreize müßte demnach außerhalb des Trainings erfolgen. Bei Kindern, die mit einem solchen Training beginnen, reichen Belastungen von etwa 15 Minuten. Natürlich sind weiche Laufunterlagen einer harten Straßendecke vorzuziehen.

Es stellt sich allerdings generell die Frage, ob zusätzliche Trainingsreize notwendig sind, da Kinder im vorpuberalen Alter auch ohne spezielle Trainingsreize reifungsbedingt enorme Zuwachsraten in ihrer Ausdauerleistungsfähigkeit aufweisen (PETERS 1980, 74).

Ein völliger Verzicht auf längere Laufstrecken würde allerdings beinhalten, daß man auf einen Bereich verzichtet, der gut zur Willensschulung eingesetzt werden kann. Nur sollten die in der Regel nur einmal wöchentlich stattfindenden Trainingseinheiten dafür nicht verwendet werden. In ihnen sollte der Schwerpunkt auf dem technisch-koordinativen Bereich und auf einer altersgemäßen taktischen Schulung liegen. Gelegentliche Überprüfungen der Steigerung der Ausdauerleistungsfähigkeit über einen 12-Minuten-Lauf können als Anreiz für die Kinder dienen, außerhalb des üblichen Trainings noch ein- oder zweimal pro Woche länger zu laufen. Die im Bereich der koordinativen und technischen Schulung bereits angesprochenen ‹Hausaufgaben› ließen sich auch hier gut einsetzen.

Das Auslaufen am Ende einer jeden Trainingseinheit ist nicht als Ausdauerschulung anzusehen, sondern es kommt ihm eine Abwärmfunktion zu. Es wird eingesetzt mit dem Ziel der besseren geistigen Bewältigung des Trainings. Da die Laufgeschwindigkeit so niedrig ist, daß man sich noch gut unterhalten kann, können die Trainingsinhalte nochmals «kognitiv» bearbeitet werden. Das Wissen um Regeln, Bewegungsabläufe und einfache taktische Zusammenhänge wird somit gefestigt. Gleichzeitig wird es für die Kinder zur Selbstverständlichkeit, sich nach dem Training auszulaufen, was später mit dem reifungsbedingten Ansteigen der anaeroben Energiebereitstellung als erste Regenerationsmaßnahme nach Training und/oder Spiel notwendig wird. Als Einstieg in längeres Laufen und zur Tempokontrolle sind die Ausläufe am Ende der Trainingseinheiten gut geeignet. Abwechslungsreiche Aufgabenstellungen vermeiden Motivationsprobleme.

Von der allgemeinen Grundlagenausdauer (aerobe Ausdauer) muß die spezielle Ausdauer unterschieden werden, die gerade im Fußball von besonderer Bedeutung ist, da im Spiel unregelmäßige Belastungen mit unterschiedlicher Intensität auftreten. Dennoch müssen innerhalb dieser Belastungsphasen hohe Genauigkeit und Schnelligkeit der Spielhandlungen beibehalten werden. Vielfältige Spielformen – auch aus anderen Großen Spielen (Handball, Hockey etc.) – dienen der Ausbildung spezieller Ausdauerfähigkeiten.

Hinweise zur Anwendung der Trainingseinheiten

Aufbau und Inhalt

Die 40 ‹fertigen› Trainingseinheiten (TE) repräsentieren ein komplettes Trainingsjahr, wenn man von einem einmaligen Training pro Woche ausgeht. Die technischen, koordinativen, taktischen und konditionellen Anforderungen steigen mit der Zeit an.

Im *technischen* Bereich sind alle Stoßarten und Formen der Ballkontrolle enthalten. Dabei geht man davon aus, daß die günstigen Lernvoraussetzungen von der Zeit des späten Schulkindalters bis zur Pubertät genutzt werden müssen, um alle fußballspezifischen Techniken zumindest in der Grobform zu erwerben. Weiterhin wurden in Anlehnung an das Konzept von COERVER (1984) Finten und Formen der individuellen Ballarbeit systematisch integriert, um sie langfristig zu einem auch unter schwierigen Bedingungen (Gegner- und/oder Zeitdruck) verfügbaren Bewegungsrepertoire werden zu lassen.

Im *taktischen* Bereich werden die Spielformen 1:1 (Zweikampfstärke) sowie Überzahlspiel im Angriff zur Förderung des Kombinationsspiels bis hin zum komplexen Spiel 7:7 aufeinander aufbauend eingeführt. Hierdurch werden individual- und gruppentaktische Elemente geschult, auf deren Grundlage später mannschaftstaktische Elemente im offensiven und defensiven Bereich entwickelt werden können.

Ein wesentlicher Bestandteil einer jeden Einheit ist die Schulung der allgemeinen und speziellen *Koordination*, wobei man davon auszugehen hat, daß alle Übungsformen, die auf die Schulung der Technik abzielen, gleichzeitig auch koordinative Fähigkeiten mit verbessern.

Die *konditionellen* Bereiche Kraft, Schnelligkeit, Beweglichkeit und Ausdauer werden nur selten in isolierten Trainingsformen angesteuert, da sie
ohnehin in den vorgegebenen Übungs- und Spielformen in komplexer
Weise mitgeschult werden.

Die inhaltliche Systematisierung der Einheiten in Technik, Taktik, Koordination, Kondition und Spiel und eine präzise zeitliche ‹Bilanzierung› ist
nicht möglich, da sich die Bereiche teilweise stark überschneiden. So schult
etwa allgemeines und spezielles Koordinationstraining gleichermaßen die
Technik, oder die Spielformen – auch wenn sie mit unterschiedlichen
Schwerpunkten versehen sind – tragen zu einer Verbesserung der konditionellen Leistungsvoraussetzungen bei.

Als wichtigstes Konstruktionsprinzip wurde die Form des *Spielens bzw.
spielerischen Übens* in den Vordergrund gestellt. Reines Üben ist gelegentlich unumgänglich, wurde aber auf das notwendige Maß beschränkt. Stets
wurde versucht, auch beim Üben ein Tor ‹im Spiel› zu haben, damit die
motivierende Spielidee des Fußballs – Tore schießen: Tore verhindern – so
oft wie möglich präsent ist.

Unverzichtbare Bestandteile der Einheiten bilden die Gesprächsphasen zu
Beginn und am Ende, wobei das Auslaufen am Ende zum Gespräch zwischen dem Trainer und den Spielern und zwischen den Spielern genutzt
werden kann.

In den Anhängen A–C (Seite 124–129) wurden Übungssammlungen zur
Koordinationsschulung, zum Dehnen und zum Kräftigen zusammenge-
stellt. Anhang D enthält Kleine Sportspiele, und Anhang E bietet eine systematische Übersicht über Möglichkeiten der allgemeinen und speziellen
Ballgewöhnung. Die Anhänge dienen zum einen dazu, bei den Dehn- und
Kräftigungsübungen eine korrekte Übungsausführung zu gewährleisten;
zum andern sollen sie den Trainern die Möglichkeit bieten, Trainingsformen zu variieren, selbst zu ‹erfinden› und so das Training abwechslungsrei-
cher zu gestalten. Im Bereich der koordinativen Schulung ist das Stellen
von neuartigen Aufgaben für die Kinder von besonderer Bedeutung.

Bis zur Einheit 15 sind alle wesentlichen technischen Grundelemente enthalten. Dabei werden beim partnerschaftlichen Üben der Stoßarten die
entsprechenden Formen der Ballkontrolle bei flachen und hohen Bällen
mit eingeführt. Ein kompletter «Grundkurs» kann somit systematisch in
diesem zeitlichen Rahmen absolviert werden.

Im übrigen wird nochmals darauf hingewiesen, daß vor der Anwendung der
Einheiten die Teile *Allgemeine* und *Methodische Hinweise* unbedingt gelesen werden sollten (S. 39–42).

Allgemeine Hinweise

1. Die Trainingseinheiten sind als praktische Arbeitshilfen gedacht.
   Haben Sie keine Hemmungen, von diesen Arbeitshilfen inhaltlich
   oder zeitlich abzuweichen, wenn Sie der Auffassung sind, daß die
   von Ihnen betreute Gruppe unter- oder überfordert ist. Sie können
   dann die Übungen erleichtern oder erschweren, indem Sie die in
   den ‹Methodischen Hinweisen› dargestellten Möglichkeiten zur
   Erleichterung von Übungen anwenden.

2. Werfen Sie nicht gleich die Flinte ins Korn, wenn Übungs- oder
   Spielformen, die den Spielern oder Ihnen unbekannt sind, nicht auf
   Anhieb funktionieren. Manchmal bedarf es einer gewissen Zeit, um
   aus eingefahrenen Gleisen auf neue überzuwechseln. Die Verfüg-
   barkeit von Übungsformen wird dadurch für Sie und die Spieler
   vergrößert.

3. Die Übungszeiten sind so eingerichtet, daß eine effektive Trai-
   ningsdauer von 70—80 Minuten herauskommen kann, da gelegentlich für das Umorganisieren und Neueinteilen der Spieler bzw. den
   Geräteaufbau eine gewisse Zeit vergeht. Diese Zeitspannen können von den Spielern zur Erholung oder individuellen Ballarbeit
   genutzt werden.

4. Gelegentlich wird es möglich sein, während des selbständigen
   Übens der Spieler bereits organisatorische Veränderungen vorzu-
   nehmen. Dies muß jedoch in Einklang gebracht werden mit der Beobachtung der Gruppe und den notwendigen Korrekturen.

5. Beobachten Sie Ihre Gruppe gründlich, und überlegen Sie nach
   jedem Training, welche Spiel- und Übungsformen Ihrer Gruppe besonders Spaß gemacht haben und bei welchen Sie besonders den
   Eindruck hatten, daß sie der Gruppe auf ihrem jeweiligen Niveau
   sehr viel nützen. Zögern Sie dann nicht, eigene Einheiten aus diesen von Ihnen als für Ihre Gruppe sehr wichtig erkannten Formen
   zusammenzustellen.

6. Insbesondere für F-Junioren werden einige der Einheiten bzw. Bestandteile der Einheiten Probleme bereiten. Manchmal wird dann
   die Vereinfachung der Übungen ausreichen, manchmal wird man
   eine andere, leichtere Übungs- und Spielform aus anderen Einheiten einsetzen müssen.

7. Verstehen Sie also die Einheiten nicht als ein Rezept, dem man streng zu folgen hat. Jede Gruppe ist unterschiedlich, unter Umständen aber auch leistungsgleich zusammengesetzt. Das Leistungsniveau zwischen Gruppen kann sehr stark variieren. Es bleibt daher Ihre Aufgabe, aus diesen Vorschlägen die für Ihre Gruppe jeweils optimale Kombination herauszugreifen. Wenn innerhalb Ihrer Trainingsgruppe sehr große Unterschiede bestehen, geben Sie Aufgaben mit unterschiedlichen Schwierigkeitsgraden, damit die schwächeren Spieler nicht über-, die besseren nicht unterfordert werden.

8. Das Auslaufen am Ende der Stunde dient zum einen der Vorbereitung der jugendlichen Spieler auf das später für die Regeneration sehr wichtig werdende Auslaufen nach dem Training bzw. Spiel. Gleichzeitig sollte diese Phase genutzt werden, um mit den Spielern über das Training zu reden, über Dinge, die ihnen gefallen haben, über Beobachtungen, die sie selbst gemacht haben, oder über Korrekturen, die sie individuell anbringen wollen. Dieses Sprechen über die Einheit verhindert gleichzeitig auch ein zu hohes Lauftempo der Spieler. Es sollte als eine Art Denk- und Redephase gesehen werden. Dabei kann eine Laufzeit von 5 Minuten bei geeigneter Motivation durchaus überschritten werden.

9. Stretching-Formen scheinen für Spieler dieses Alters auf den ersten Blick noch nicht notwendig, da sie häufig eine ausgesprochen große Beweglichkeit aufweisen. Man weiß allerdings inzwischen, daß die Beweglichkeit ab dem frühen Schulkindalter (6–8 Jahre) zum Teil wieder zurückgeht. Es ist daher anzustreben, ein festes, systematisches Aufwärmprogramm in bezug auf die Dehnung der wichtigsten Muskelgruppen des Körpers schon in der frühen Juniorenzeit einzuführen. Auch kann der bei älteren Jugendlichen häufig zu beobachtenden Lustlosigkeit bei Dehnübungen durch diese frühzeitige Gewöhnung an ein festes Aufwärmprogramm vorgebeugt werden. Das Aufwärmen wird dann zu einem selbstverständlichen Bestandteil eines jeden Trainings.

10. Auch wenn nicht in jeder Einheit auf Stretching-Formen hingewiesen wird, sollten doch beim Aufwärmen immer Stretching-Formen eingebaut werden. Dies kann in der Form geschehen, daß Aufwärmspiele kurz unterbrochen werden, um systematisch von oben nach unten die wichtigsten Muskelgruppen des Körpers zu dehnen: insbesondere diejenigen, die für Fußballspieler von besonderer Bedeutung sind (vgl. Anhang S. 126 f).

Methodische Hinweise

Die Übungs- und Spielformen sind für sehr leistungsunterschiedliche Gruppen anwendbar. Je nach Niveau müssen Erleichterungen oder Erschwerungen vorgenommen werden, um die Kinder nicht zu über- oder unterfordern.

Erleichtern kann man Übungs- und Spielformen durch
- Verringerung des Tempos,
- Vergrößerung des zur Verfügung stehenden Raumes,
- Verringerung der Anzahl der Wiederholungen pro Zeiteinheit,
- Einsatz von passiven bzw. gar keinen Gegenspielern,
- Verkürzung von Abständen beim partnerweisen Üben.

Erschweren kann man Übungs- und Spielformen durch
- Erhöhung des Tempos,
- Verringerung des zur Verfügung stehenden Raumes,
- Erhöhung der Anzahl der Wiederholungen pro Zeiteinheit,
- Einsatz von teilaktiven bzw. aktiven Gegenspielern,
- Vergrößerung der Abstände beim partnerweisen Üben,
- Auferlegen besonderer Regeln wie etwa Begrenzung der Ballkontakte (maximal 3, 2 Kontakte oder nur Direktspiel).

Die Angaben zur Spielfeldgröße sind nach der von Ihnen trainierten Gruppe auszurichten. «Ganzes Spielfeld» bedeutet bei F-Junioren etwas anderes als bei D-Junioren. Bleiben Sie aber dennoch variabel in Ihrer Raumvorgabe, je nach Niveau Ihrer Gruppe.

Gewöhnen Sie Ihre Spieler daran, daß das Training nicht mit einem Spiel endet und man dann gerade so auseinanderläuft. Sie können jederzeit zwischen die am Ende der Einheiten stehenden Spielformen und das Auslaufen noch Spielformen einbauen, bei denen aus allen Spielern zwei Mannschaften gebildet werden und in denen die Kinder frei, ohne Auflagen spielen können. Auf alle Fälle sollte das Training mit einem Abreagieren abgeschlossen werden, verbunden mit einem Gespräch über das Training, das letzte oder das folgende Spiel etc.

In den Spielformen 7:7 sollten Sie je nach Notwendigkeit Schwerpunkte setzen bzw. die zuvor geübten technischen Fertigkeiten im Spiel anwenden lassen: etwa technisch sauberes Passen, Positionen halten, Freilaufen, Schießen aus der zweiten Reihe, Ausnutzen des Spielraumes etc.
Nutzen Sie diese Formen auch, um den Spielern die Möglichkeit zu geben, auf allen Positionen Erfahrungen zu sammeln: vom Torhüter bis zur Sturmspitze.

● In den Einheiten werden häufig Spielformen angeboten, in denen die angreifende Mannschaft in der Überzahl ist. Dies beruht auf der Überlegung, daß zum Erlernen und Festigen der technischen und taktischen Fertigkeiten die Spieler mehr Raum und Zeit benötigen, als sie in einem Gleichzahlspiel haben würden. So bedeuten Spielformen, die etwa mit 5 : 3 + 2 bezeichnet sind, daß eine Mannschaft mit 5 Spielern angreift (einschließlich Torhüter) und die andere Mannschaft mit 3 Feldspielern verteidigt, wobei jeweils zwei Torhüter im Tor stehen. Erschwerungen oder Erleichterungen lassen sich dabei durch Verringerung oder Erhöhung der Anzahl der Torhüter ohne großen Aufwand organisieren. So kann etwa die Auflage, mit nur maximal zwei Ballkontakten oder gar direkt zu spielen, im Spiel 5 : 3 + 2 dadurch erleichtert werden, daß man statt dessen die Form 5 : 2 + 3 wählt und das Tor etwas vergrößert.

● Es wird häufig vorkommen, daß die vorgeschlagenen Spielformen 5 : 5, 6 : 6, 7 : 7 etc. zahlenmäßig nicht aufgehen. Sie müssen dann je nach Niveau Ihrer Spieler entscheiden, ob Sie kleinere und mehr Mannschaften oder größere und weniger Mannschaften bilden. Dabei können Variationen von Nutzen sein, wie sie im letzten Hinweis angesprochen wurden (Überzahlspiel); man kann aber auch einen sinnvollen Wechselmodus für einen oder mehrere Spieler anwenden (etwa: nach einer Minute wird gewechselt oder nach einer bestimmten Anzahl von Angriffen etc.). Die wartenden Spieler können u. U. mit individueller Ballarbeit beschäftigt werden bzw. mit der Beobachtung des Spiels.

● Der Rückgang des ‹Straßenfußballs› und das meist nur einmalige wöchentliche Training legen es nahe, den Kindern ‹Hausarbeiten› aufzugeben: etwa Finten zu üben, Ballgeschicklichkeitsübungen durchzuführen, schwierige Koordinationsaufgaben zu üben etc. Man muß zu Hause keinen eigenen Fußball zum Üben haben – ein Plastikball in Fußballgröße tut's auch.

● Sollten Finten zunächst zu schwierig sein, bietet sich das Erproben des Bewegungsablaufs ohne Ball an, wobei z. B. Hütchen als Raumbegrenzung (Gegenspieler) eingesetzt werden können.

● Es ist vorteilhaft, eine Einheit am Tage zuvor im Kopf vorzubereiten und den Gerätebedarf festzulegen. Bei Bedarf kann man die Inhalte in Stichworten schriftlich fixieren. 20–30 Hütchen, Softbälle (halbe Anzahl der Spieler), ein bis zwei Rugbybälle, Medizinbälle und Volleybälle sowie weiteres unterschiedliches Ballmaterial sollten zur Verfügung stehen.

Die Trainingseinheiten

Zeichenerklärung

Spieler / Gegenspieler ohne Ball   🟢   ▲

Spieler / Gegenspieler mit Ball   🟢.   ▲.

Laufweg Spieler mit Ball

Laufweg Spieler ohne Ball

Ballweg

Übungsleiter ●   Hütchen ▲   Fähnchen ⌐

Abkürzungen:

re	rechtes Bein	vw	vorwärts
li	linkes Bein	rw	rückwärts

Zeit	Ziele	Trainings- und Übungsinhalte
bis 5 Min.	Einstimmen auf die Stunde	Fragen: «Warum wollen wir Fußball spielen?» «Was macht am Ballspielen Spaß?» «Wollt ihr nur Fußball spielen?»
10 Min.	Ball kennenlernen, aufwärmen	Handball ohne Tore. Dribbeln und Laufen mit Ball ist nicht erlaubt bzw. bis maximal 3 Schritte.
10 Min.	Kennenlernen des Balls und seiner Reaktionen auf verschiedene Treffpunkte mit dem Fuß	Mit Ball am Fuß beschäftigen. Hinweise geben, was man alles probieren kann. Was passiert, wenn ich den Ball mit unterschiedlichen Teilen des Fußes treffe (re/li)? Treffpunkte am Ball können sein: Mitte, innen, außen, oben, unten. Gehen/Traben/Laufen mit dem Ball. Wie kann man den Ball fortschießen/anhalten? Spielt den Ball mit der Innenseite.
2 × 10 Min. mit 3 Min. Pause	In dieser Stunde sollte sich der Ü-Leiter gezielt ein Bild über den Leistungsstand seiner Schützlinge zu machen versuchen.	Fußballspiel 4:4
bis 3 Min.	Tempo im aeroben Bereich. «Aerob» bedeutet Laufen, ohne außer Atem zu kommen, d. h., der Organismus geht keine Sauerstoffschuld ein.	Alle 4 Torpfosten werden beim Vorbeitraben berührt.

Gruppengespräch

Zwei oder mehrere Mannschaften
mit je maximal sieben Spielern
bilden. Raum je nach Gruppengröße
begrenzen. Spielform je nach Können
erleichtern.

Jeder hat einen Ball. Auf dem halben
F-Jugend-Spielfeld (eventuell etwas
kleiner) verteilen; Paßübungen partnerweise.

Mehrere kleine Spielfelder (20 × 10 bis
25 × 15 m), Stangentore 2 bis 3 Meter
breit (mit Torhüter)

Ganze Gruppe, großes Feld. Auf-
gabenstellung: «Wir gehen duschen,
wenn jeder alle 4 Pfosten der beiden
Tore berührt hat. Es darf aber
niemand außer Atem kommen. Redet
dabei über das Training oder Fußball
allgemein. Bundesligaspieler tun das
auch nach jedem Training.»

Zeit	Ziele	Trainings- und Übungsinhalte
bis 5 Min.	Einstimmen auf die Stunde	Was werden wir heute machen? Warum?
10 Min.	Aufwärmen, Ballarbeit, Koordination	«Hase und Jäger» spielen. Regel: Jäger müssen Hasen mit Ball unterhalb der Knie treffen. Getroffene Hasen werden Jäger. Jäger passen sich die Bälle beim Jagen zu; Hasen weichen aus.
10 Min.	Beweglichkeit erhalten und fördern. Ballgewöhnung, Koordination. Einzelne Stretching-Formen bereits in diesem Alter zur Gewöhnung einführen.	Stretchen: Hüftbeuger, Adduktoren (Oberschenkelinnenseite), Waden. Ball mit gestreckten Beinen um sich herumrollen, durch gegrätschte Beine rollen (Acht); Ball kreist in den Händen um Körper, dabei in die Hocke gehen, laufen, springen.
15 Min.	Ballgewöhnung, Ballführung	Führen des Balls frei im Raum. Führen des Balls im Hütchenlabyrinth. Führen des Balls im Hütchenlabyrinth und die Hütchen umkreisen, auf Pfiff das Hütchenlabyrinth verlassen. Führen des Balls vom freien Raum durch das Hütchenlabyrinth in den gegenüberliegenden freien Raum und auf das Tor schießen.
20 Min.	Spiel, Überzahl und Gleichzahl	Spiel 3:1/3:2/3:3. Bei Verwendung nur eines Torhüters entsteht 3:2. 3:3 wird ohne Torhüter gespielt. Pro Spielfeld drei Dreierteams bilden.
2 Min.	Auslaufen	Einmal um den ganzen Platz laufen.

Ganze Gruppe

Feld begrenzen. Man kann mit Hand
oder Fuß spielen lassen.

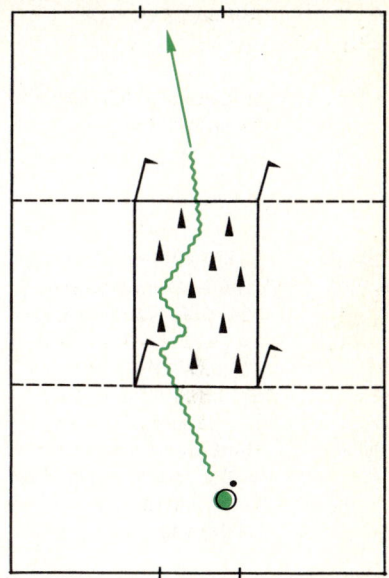

Jedes Kind sollte gute Sicht zum
Ü-Leiter haben und umgekehrt.
Stirnhalbkreis.
Stretchen: siehe Anhang, S. 126/127

Viele Hütchen frei im Raum
(10 × 15 m) verteilen. Ballführung und
Schießen beidbeinig; wechselnde
Torhüter (Abb. rechts). Auch Passen
in der Zweiergruppe möglich.

Abwehrendes Team hat wechselnd
zwei (einen) Torhüter. Angreifer sind
immer zu dritt. Drittes Team wechselt
ein, wenn das abwehrende Team in
Ballbesitz kommt und so zum angrei-
fenden Team wird. Vorherige Angreifer pausieren bis zu neuem Wechsel.
Spielfeld 20 × 10 bis 25 × 15 Meter;
große Tore (bei 3 : 3 verkleinern).

«Schaut nach, ob an den Eckfahnen
die Viertelkreise eingezeichnet sind, in
denen der Ball beim Eckstoß liegen
muß.»

Zeit	Ziele	Trainings- und Übungsinhalte
bis 5 Min.	Einstimmen auf die Stunde	Vorschau, Neugier wecken
5 Min.	Spielerisches Aufwärmen, Koordination	«Raufball»: Ball darf geworfen und getragen werden. Er muß hinter die gegnerische Linie gelegt werden. Halten und Schieben erlaubt.
10 Min.	Ballgewöhnung, Timing, Aufmerksamkeit weg vom Ball; Koordination	Ball führen in begrenztem Raum. Richtung ändern bzw. Anhalten auf akustische und/oder optische Signale. Ball leicht nach vorne spielen, überholen, durch die gegrätschten Beine rollen lassen und mit Händen anhalten.
20 Min.	Einführen des Innenseitstoßes und ganzheitliches Üben in Ruhe und Bewegung	Innenseitstoß. Zuspiel durch Stangen-/Hütchentore; Abstände variieren. Im Torelabyrinth (Hütchen/Stangen) partnerweise Ball führen und durch Tore passieren (re/li).
10 Min.	Spiel	Spiel 3:1/3:2
3 Min.	Aktive Erholung, Ballgefühl	Ball hochwerfen – köpfen – fangen; Ball hochwerfen – köpfen – springen lassen und mit dem Fuß hochspielen – fangen. Ball jonglieren, dabei jeweils einmal aufspringen lassen (re/li).
10 Min.	Spiel	Spiel 6:4 + 2 Torhüter (oder 6:3 + 3 TH)
3–5 Min.	Auslaufen	Abschließender Dauerlauf

Ganze Gruppe

Zwei Mannschaften. Die Spielfeldgröße ist 35 × 20 Meter. Ein Medizinball ist Spielball. Verboten sind Beinstellen, Stoßen, Schlagen. Gegner ohne Ball ist tabu.

Jeder hat einen Ball.
Aufgabe: «Wer schafft es, sich ganz spät zu bücken und den Ball trotzdem noch hochzuhalten?»

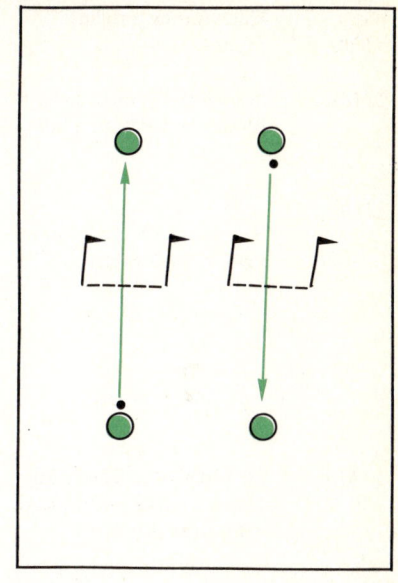

Paarweise ein Ball.
Ü-Leiter macht vor und weist auf die wichtigsten Ausführungsmerkmale hin; beidbeinig üben.
Hütchenlabyrinth (Abbildungen rechts)

Feld 25 × 15 Meter. Immer drei Angreifer. Je nach Niveau ein oder zwei Torhüter; Torbreite anpassen.

Jeder hat einen Ball. Auf überschaubarem Raum üben.

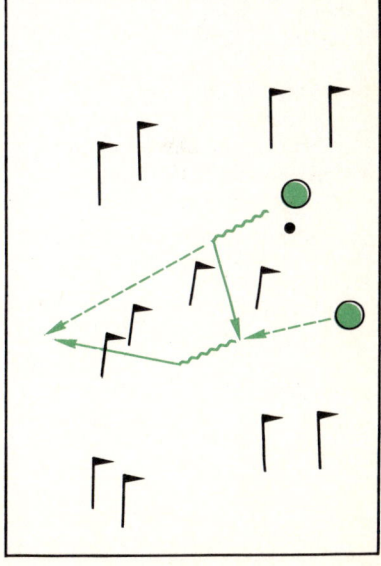

Je zwei der Dreiermannschaften werden ein Team. Evtl. drei Torhüter.

«Lauft ein- oder zweimal um das Clubhaus und den Sportplatz. Dabei nicht außer Atem kommen.»

Zeit	Ziele	Trainings- und Übungsinhalte
bis 5 Min.	Einstimmen auf die Stunde	Was machen wir heute und warum?
15 Min.	Aufwärmen, Dehnen der Muskeln, Beweglichkeit	Langsame Rumpfbeugen vorwärts und seitlich; Arme seitlich strecken – Oberkörper drehen; Ausfallschritte und Grätschen mit Dehnen der Beinmuskulatur.
	Schnelligkeit, Koordination, Kooperation	– Paarfangen: Ein Paar fängt einen dritten und vierten, danach Teilung in zwei Paare usw.... – Kettenfangen: Ein Fänger beginnt; jeder Abgeschlagene wird Fänger. Sie bilden eine wachsende Kette, bei der nur die beiden Äußersten fangen dürfen.
15 Min.	Dribbling und Torschuß. Innenseitstoß und andere Stoßarten erproben.	Dribbling und Torschuß mit Innenseite. Ball vorlegen, nachlaufen, kontrollieren, durch Hütchen dribbeln – Torschuß.
10 Min.	Spiel	Spiel 4:2; verteidigendes Team stellt zwei Spieler ins Tor.
10–15 Min.	Spiel	Spiel 4:3 (die verteidigende Mannschaft hat zwei Torhüter).
4 Min.	Auslaufen	Linienlauf

Ganze Gruppe

Im Halbkreis aufstellen.

Feld je nach Gruppengröße begrenzen.

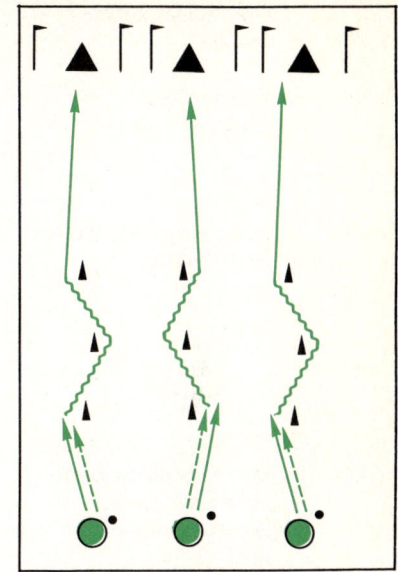

Torbreite: 1 Meter; erzwingt genauen Schuß (evtl. vergrößern); bei Bedarf mehrere Tore aufbauen; andere Stoßarten erproben (Abb. rechts oben).

Feld 30 × 20 Meter; Tore ca. 3 Meter breit; beide Torhüter stürmen mit.

Spieler wechseln sich im Tor ab; zu Distanzschüssen ermuntern.

«Wir laufen von der Torauslinie immer zur nächsten Querlinie, berühren sie mit der Hand und laufen zur Torauslinie zurück. Also: Torraumlinie – zurück; Strafraumlinie – zurück; Mittellinie – zurück; Torauslinie andere Seite – zurück (großes Spielfeld)» (Abb. rechts).

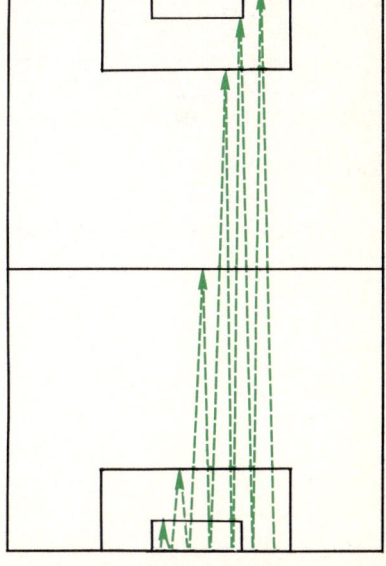

Zeit	Ziele	Trainings- und Übungsinhalte
bis 5 Min.	Einstimmen auf die Stunde	An letzte Einheit erinnern
5 Min.	Ballgewöhnung, Warmlaufen	Durcheinanderdribbeln: Trifft man aufeinander, Ball anhalten – «Guten Tag» sagen – weiterdribbeln (li/re; Innenseite, Spann).
10 Min.	Ballgewöhnung, Timing, Koordination	Ball hochwerfen und fangen mit Variationen: nach vorne/hinten werfen; halbe/ganze Drehungen einschieben; Bodenberührung mit Händen einschieben; einhändig werfen und fangen li/re; Sprünge einschieben; im Sprung fangen etc.
15–20 Min.	Außenspannstoß einführen; Außenspannstoß üben als Zuspiel; Außenspannstoß üben als Torschuß.	Ü-Leiter macht Außenspannstoß vor. Kurz alleine üben li/re. Ball im Labyrinth führen; Paß mit Außenspann zum Partner durch zwei Hütchen (li/re). Ball zum Ü-Leiter spielen – Zuspiel in den Lauf – Ballmitnahme – Torschuß. Durch das Labyrinth an den Ausgangspunkt zurückdribbeln.
20–25 Min.	Spiel	Turnier 4 : 3 + 1
3–4 Min.	Auslaufen	Lange laufen (mit Ball)

Ganze Gruppe

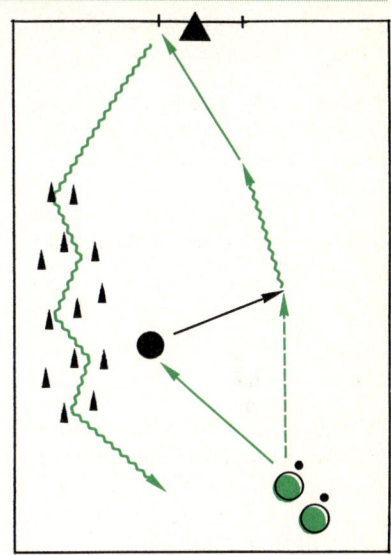

Jeder hat einen Ball. Raum an Gruppe anpassen; Tempo nicht zu groß; ab und zu kurzen Antritt einschieben.

Jeder hat einen Ball. Viel Platz. Phantasie walten lassen. Die Kinder erfinden «neue» Kombinationen, die anderen müssen sie nachmachen.

Jeder hat einen Ball. Üben gegen Wand, Mauer, Langbank etc.

Hütchenlabyrinth. Paarweise ein Ball

Jeder hat einen Ball. Torschuß mit Außenspann (Abb. rechts oben).

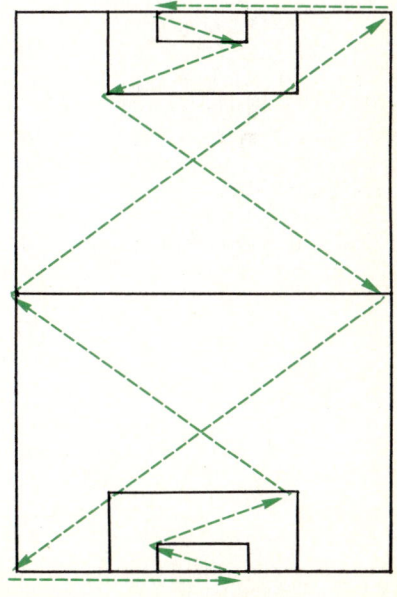

Zwei Spielfelder 30 × 20 Meter, Tore 3 Meter breit. 1 Tormann und 3 Abwehrspieler: 4 Angreifer. 6 bis 7 Min. Spielzeit; 4 Teams; jedes gegen jedes. Je nach Spielerzahl und Niveau Mannschaftsgröße oder Überzahl variieren.

«Wir laufen die Spielfeldmarkierungen diagonal ab» (Abb. rechts).

Zeit	Ziele	Trainings- und Übungsinhalte
bis 5 Min.	Einstimmen auf die Stunde	Was machen wir heute? – Warum?
5 Min.	Ballgefühl, Koordination	Jonglieren mit/ohne Bodenkontakt; ganzen Körper einsetzen; «Wer schafft am meisten?»
10 Min.	Ballgefühl, Dribbling mit Richtungsänderungen	Dribbling: Bei Haken nach links Ball mit rechter Innenseite, bei Haken nach rechts mit rechter Außenseite spielen. Abschließend Torschuß (re/li). Varianten: Richtungsänderungen; nur mit Außenseiten oder Innenseiten ausführen lassen.
10 Min.	Kräftigung, Zweikampf-schulung, Koordination	Schiebekampf in der Bankstellung und im Stand, Schulter an Schuler bzw. Rücken an Rücken. Hahnenkampf mit einbeinigem Hüpfen (Beinwechsel beachten).
10 Min.	Zweikampfverhalten, Dribbling mit Gegner	Ball wird vom Tor zu zwei Kindern gerollt oder geworfen. Sie kämpfen um Ballbesitz und Tor.
20 Min.	Spiel	Spiel 4:4 (im Wechsel von drei Mannschaften mit Torwart)
5 Min.	Auslaufen	Laufspiel. Gleiches Tempo halten.

Ganze Gruppe

Jeder hat einen Ball. Beidbeinig üben;
je nach Niveau Bodenkontakte erlau-
ben.

Jeder hat einen Ball. Gegengleich
üben lassen (Innenseite links / Außen-
seite links) (Abb. rechts).

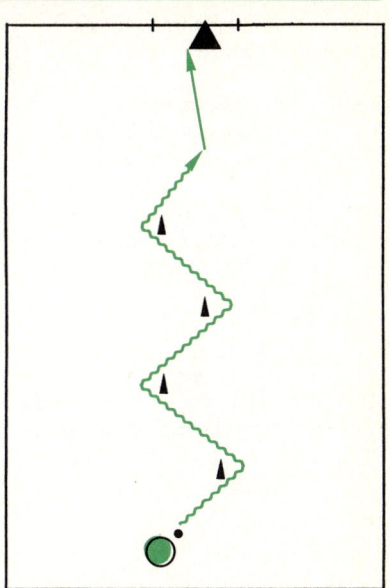

Paarweise; evtl. zu verteidigende
Linien vorgeben; aktive Pausen einlegen (Ballarbeit).

Vierergruppe. Zwei Torhüter im
Wechsel mit zwei Übenden (Abb.
rechts unten).

Spielfeld 30 × 20 Meter. Spieldauer
7 Min. Ein Team setzt jeweils aus.
Pausierende Spieler betreiben Ballarbeit.

Feld 30 × 20 Meter. Zwei Gruppen
stellen sich an gegenüberliegende
Enden der Torauslinie. Sie laufen
gleichzeitig in gegenläufiger Richtung
mit gleichem Tempo los. Am gegen-
überliegenden Tor läuft man anein-
ander vorbei. 10 Umläufe; nach je
2 Umläufen Richtungswechsel.

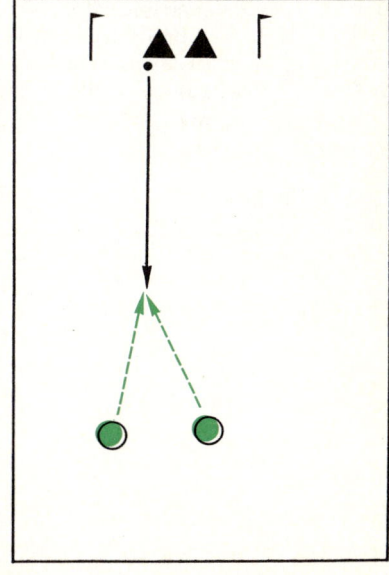

Zeit	Ziele	Trainings- und Übungsinhalte
bis 5 Min.	Einstimmen auf die Stunde	Rückschau – Vorschau auf das heutige Training
5 Min.	Ballführung, Schußgenauigkeit und Koordination	«Ballabschießen»: Alle führen einen Ball in einem begrenzten Feld und versuchen, durch gezielte Pässe (Schüsse) die Bälle der anderen zu treffen.
10 Min.	Dehnen und Kräftigen, Beweglichkeitsschulung	Schultern kreisen, Arme dehnen, Rumpfbeuger dehnen, Oberschenkelrück- und -vorderseite dehnen, Waden dehnen, Fußgelenkmuskulatur kräftigen.
10 Min.	Ballführung, Finten und spezielle Koordination	Ball führen, den rollenden Ball mit der Sohle zurückziehen und sofort mit der Innenseite spielen (re/li). Das gleiche wie oben, nur den Ball mit der Außenseite spielen (re/li). Von der Mittellinie aus Richtung Tor – Torschuß zum Abschluß.
15 Min.	Kombinieren mit Innenseitstoß und Außenspannstoß und abschließendem Torschuß	Passen aus dem Lauf (5 Meter Abstand) mit Torschuß
15–20 Min.	Spiel	Spiel 5:5 (2/1 Torhüter), entspricht 5:3 (5:4)
3–5 Min.	Auslaufen	Lange laufen

Ganze Gruppe

Jeder hat einen Ball. Raum je nach
Gruppengröße begrenzen.

Siehe Übungsanhang, S. 126–129

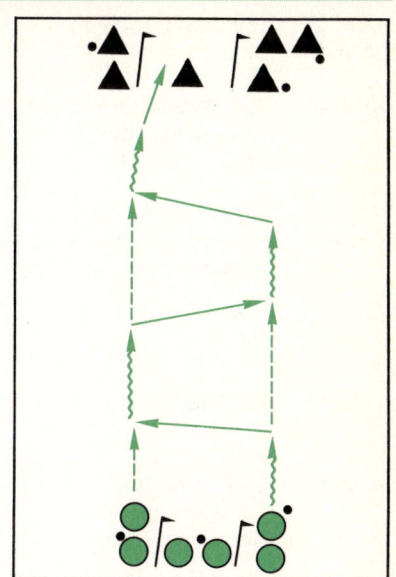

In einer Linie nebeneinander. Jeder
hat einen Ball (F-Junioren-Feld).
Mehrere Spieler können gleichzeitig
üben. Evtl. Hütchen als Hindernisse
aufstellen, die umspielt werden
müssen.

Auf beidfüßiges Üben der Stoßarten
achten. Zwei Gruppen können diese
Form als Wettspiel durchführen. Wer
schießt am meisten Tore?
(Mindestentfernung beim Torschuß
festlegen) (Abb. rechts oben)

Spielfeld 35 × 20 Meter. Tore etwa
5 Meter breit. Pässe nur per Innenseit-
stoß und Außenspannstoß.

Aufgabe: «Lauft so lange, ohne außer
Atem zu kommen, bis ich abpfeife.»

Zeit	Ziele	Trainings- und Übungsinhalte
bis 5 Min.	Einführung in die Stunde	Was machen wir heute? – Warum?
10 Min.	Aufwärmen, Orientierung, Ballgefühl	«Blinden-Fußball»: ein ‹Sehender› führt einen ‹Blinden› und ruft ihm auszuführende Aktionen zu.
3–5 Min.	Gymnastik mit dem Ball, Koordination, Dehnen, Lockern, Kräftigen	Ball kreist um den Körper, dabei Wechsel in den Kniestand; in einer «Acht» den Ball durch die gegrätschten Beine führen; Ball um gestreckte Beine rollen. Im Sitzen Ball zwischen Beine klemmen und hinter dem Kopf ablegen; Beine mit eingeklemmtem Ball im Liegen über dem Kopf kreisen lassen.
10 Min.	Ballgewöhnung, Täuschen, spezielle Koordination, Schießen	Übersteiger: Ball in langsamer Bewegung mit rechtem Bein von links nach rechts übersteigen (links umgekehrt); mit dem Außenrist des anderen Fußes Ball vorlegen und Torschuß.
20 Min.	Innenspannstoß erläutern, individuelles Üben, Üben in der Zweiergruppe	Innenspannstoß beschreiben und vormachen. – Auf 12 bis 15 Meter entferntes Tor schießen lassen; Ball muß über eine 1 Meter hohe Schnur fliegen. – Ball partnerweise durch Hütchentor spielen (flach/hoch).
15 Min.	Spiel	Spiel 5:5/6:6
5–7 Min.	Auslaufen	«Wir laufen die Linien des Fußballfeldes ab.»

Ganze Gruppe

Pro Paar ein Ball. Aktionen: Dribbeln
re/li; Schüsse auf Ziel nach exaktem
Ausrichten.

Jeder hat einen Ball. Aufstellung auf
einer Linie.

Zwei Gruppen; jeder hat einen Ball. Je
zwei Spieler können zeitlich versetzt
üben. Tempo nach Niveau gestalten.
Evtl. Hütchen als Hindernisse aufstellen (Abb. rechts oben).

Ganze Gruppe
Beidbeinig üben lassen.
Partnerübung mit 15 Meter Abstand,
in der Mitte Hütchentor; Höhen-
vorgabe durch Seil zwischen Tor-
pfosten oder Bäumen oder über
Zuschauerbarrieren spielen lassen.

Spielfeld 35 × 20 Meter, Tore etwa
5 Meter breit

Trainer läuft beim ersten Durchgang
voraus, beim zweiten Durchgang führt
ein Spieler (Abb. rechts).

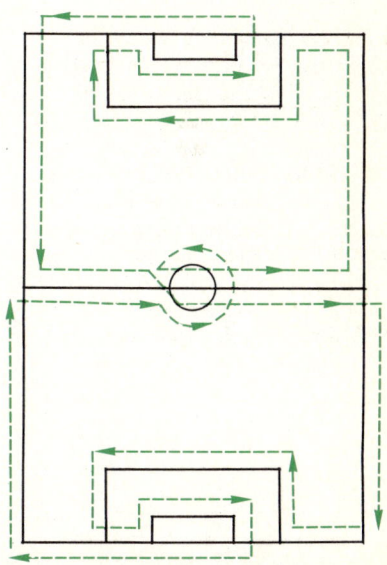

Zeit	Ziele	Trainings- und Übungsinhalte
bis 5 Min.	Einstimmen auf die Stunde	Gespräch
5 Min.	Dehnen, Kräftigen	Stretchen: Beine (siehe Anhang) Kräftigung Bauch- und Rückenmuskulatur. Für Rücken: Spieler liegen gestreckt auf dem Rücken und drücken Gesäß nach oben; das Gewicht ruht auf Fersen und Schultern. Bauch: siehe Spalte rechts.
10 Min.	Aufwärmen, Zweikampf, Dribbling	«Bälle rauben»: Für jeden liegt ein Ball im Mittelkreis. Spieler laufen von der Strafraumgrenze los, holen sich einen Ball und dribbeln zurück. Nach jedem Durchgang einen Ball wegnehmen. Spieler ohne Ball versuchen, einen im Zweikampf zu ergattern.
15 Min.	Kopfballspiel (mit Softball)	Bälle zuwerfen und köpfen. Im Stand hochspringen und köpfen, nach re/li springen und köpfen, hechten und köpfen. Besprechen der Kopfstoßbewegung.
2 × 12 Min.	Spiel mit 3 Min. aktiver Pause (Jonglieren, Fintieren), spezielle Koordination	Spiel 5 : 4 + 1
7 Min.	Auslaufen	Lange laufen

Ganze Gruppe

Im Halbkreis. Hinweis: Die Bauchmuskeln werden nicht (!) optimal durch das klassische ‹Klappmesser› trainiert. Zweckmäßiger sind «Sit-ups» mit senkrecht gestellten Oberschenkeln.

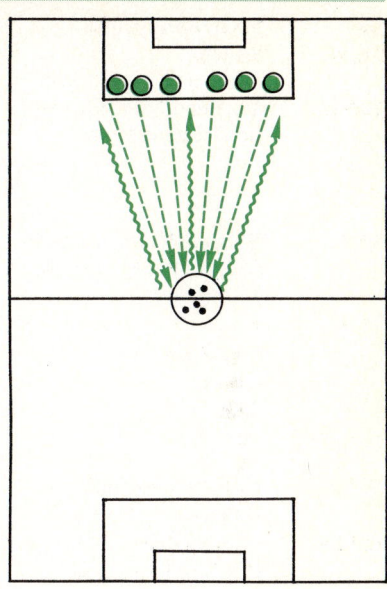

Gelegentlich Ball jonglieren als aktive Pause. Nur so viele Bälle wegnehmen, daß maximal 1 : 1 zustande kommt. Torschuß als Abschluß. Bälle werden im Schritt-Tempo in den Mittelkreis zurückgebracht (Abb. rechts).

Paarweise ein Ball. Der Zuwerfer steht in einem Hütchentor. Entfernung 2 bis 8 Meter. «Wer kann die Augen möglichst lange offen halten? Womit köpft man am besten?» (Stirn). Beim Fallen / Hechten weichen Untergrund benutzen – Weitsprunggrube; Weichbodenmatte.

Feld 40 × 25 Meter. Tore 5 Meter. Das verteidigende Team stellt jeweils einen Spieler ins Tor.

Alle zusammen. Aufgabe: «Lauft um das Clubhaus und den gesamten Sportplatz außerhalb der Umzäunung herum» (oder andere bekannte Geländeziele ausmachen). Distanz etwa 1 bis 1,5 Kilometer.

Zeit	Ziele	Trainings- und Übungsinhalte
bis 5 Min.	Einführung in die Stunde	Was machen wir heute und warum?
10 Min.	Warmlaufen, Koordination, Kooperation	«Siamesischer Fußball»: Je zwei Spieler werden mit Sprungseilen um die Hüften zusammengebunden, so daß sie nebeneinander stehen.
5 Min.	Wiederholung Innenseitstoß, Außenspannstoß, Koordination	Spielen des Balls durch Tore zum Partner (re/li). Nach Abspiel folgende gymnastische Übungen 3- bis 4mal durchführen: Armkreisen gegenläufig, Hampelmann. Der Partner wartet, bis die Ausführung beendet ist (kann dabei jonglieren oder eine Finte probieren), und spielt dann wieder zurück.
10 Min.	Kombinieren mit der Innenseite – Torschuß	Spielen des Balls aus dem Lauf durch Tore – Schuß (Innenspann, Außenspann).
30 Min.	Spiel	Spiel 5:5 (+ Torhüter)
5 Min.	Auslaufen	Ball mit dem Fuß bis Mittellinie führen, ab Mittellinie mit der Hand weiterdribbeln, an der Torauslinie Ball ablegen, ohne Ball über das ganze Feld im Zickzack zurück, Bälle wieder holen und nochmals über das Feld zurückdribbeln.

Ganze Gruppe

Feld recht klein halten, große Tore.
Sind keine Sprungseile vorhanden,
können sich die Spieler um die Hüfte
fassen.

Paarweise ein Ball (Abb. rechts).

Paarweise. Stangen-/Hütchentore von
vorhergehender Übung können benutzt werden; bei geeignetem Niveau
auch zum Direktspiel anregen
(Abb. rechts unten).

Spielerpositionen während des Spiels
variieren.

Großes Feld. Nicht zu schnell
werden.

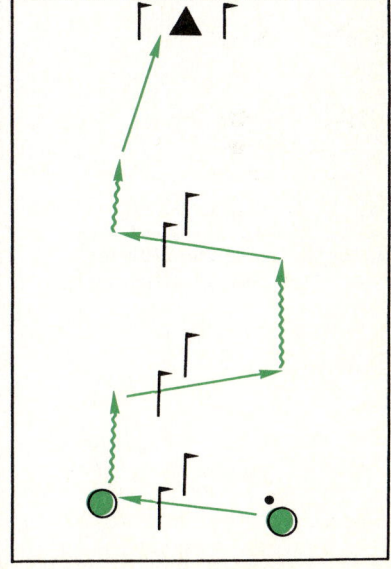

Zeit	Ziele	Trainings- und Übungsinhalte
bis 5 Min.	Einstimmen auf die Stunde	Was machen wir heute? – Warum?
5 Min.	Technikschulung, spezielle Koordination	Ball mit der Innenseite re führen. Ball von außen nach innen übersteigen und mit der Außenseite re anhalten, dann mit der Innenseite li mitnehmen; Variante: nicht erst mit der re Außenseite anhalten, sondern gleich mit der li Innenseite mitnehmen (erfordert Drehung um 180 Grad).
15–20 Min.	Ball führen, Warmlaufen, allgemeine Spielschulung, Orientierungsfähigkeit	«Zwei-Felder-Fußball»: Zwei Felder, die etwa 30 Meter voneinander diagonal entfernt liegen, sind die Tabuzonen, die nicht betreten werden dürfen und in die die Bälle gefühlvoll hineingespielt werden sollen. Wer schafft es, die meisten Bälle in der gegnerischen Tabuzone unterzubringen? Regel: Die Bälle in der Tabuzone dürfen von außerhalb mit einem Ball herausgeschossen werden. Spieler, die ihren Ball im gegnerischen Taburaum untergebracht haben, dürfen gegnerische Spieler angreifen und versuchen, deren Ball zu erobern. Zu Beginn liegen die Bälle jeweils zur Hälfte in den beiden Tabuzonen und dürfen beim Anpfiff herausgeholt werden.
10 Min.	Kopfball, Einwurf, spezielle Koordination	Zugeworfenen Ball in hohem Bogen zum Partner köpfen (im Stand, in Bewegung und evtl. im Sprung).
25 Min.	Spiel	Spiel 6 : 4 + 2 (6 : 5 + 1)
3–4 Min.	Auslaufen	Ball führen im Trab einmal auf den Auslinien um das Feld herum.

Ganze Gruppe

Dreiergruppe, 4 Hütchen im Quadrat (5 × 5 Meter), passiver Abwehrspieler läuft immer zum Ballführenden; im Raum frei bewegen, beidfüßig üben. Im Anfangsstadium ohne Abwehrspieler üben lassen (siehe Einheit 38, Abb. oben).

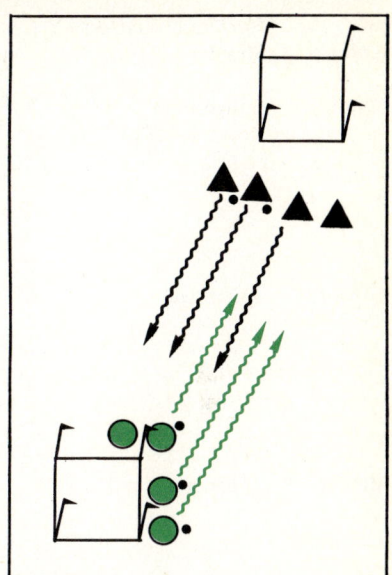

Tabuzone etwa 4 × 4 Meter. 2 bis 3 Bälle weniger als Spieler in einer Mannschaft.
Variation: Mehr Bälle als Spieler. Diese Spielform erfordert einige Zeit der Einführung und Gewöhnung, macht dann aber in ihrer Anforderung an sehr vielfältige Funktionen des Fußballs und in ihrem schnellen Rollenwechsel sehr viel Spaß und schult vor allem Spielübersicht und eigenständige Aufgabensuche.
Man kann das Spiel auch als Handballspiel mit Herausschießen der Bälle aus der Tabuzone spielen (Abb. rechts oben).

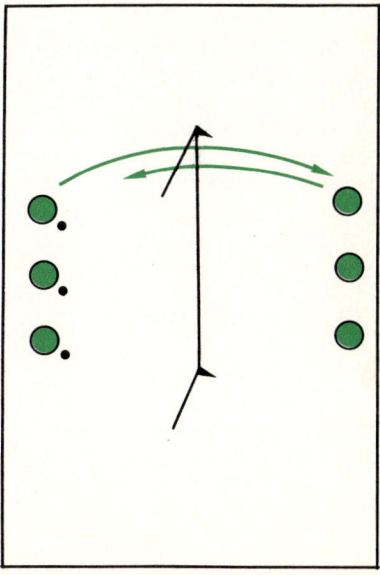

Paarweise ein Ball (Softball). Über das Tor zuwerfen und zurückköpfen bzw. einköpfen (Abb. rechts).

F-Junioren-Feld. Positionen an die Kinder verteilen und während des Spiels wechseln.

Jeder hat einen Ball. Partnerweise hintereinander auf den Linien um den Fußballplatz herum.

Zeit	Ziele	Trainings- und Übungsinhalte
bis 5 Min.	Einstimmen auf die Stunde	Zusammenhang zu früheren Stunden herstellen.
5 Min.	Ballgefühl, Koordination	Ball aus der Hand hochschießen – einmal springen lassen – fangen. Dann hochschießen und direkt fangen; hochschießen – springen lassen – hochschießen – fangen, hochschießen – im Sprung fangen.
10 Min.	Spannstoß	Balltreiben über den Platz. Der Ball wird aus der Hand so weit wie möglich geschossen. Das andere Team fängt ihn ab und muß von dort zurückschießen. «Welches Team erreicht als erstes das Tor?»
10 Min.	Vollspann	Ball aus der Hand zum Partner schießen (re/li).
15 Min.	Torschuß mit Vollspann	Torschußspiel: den ruhenden Ball aufs Tor schießen; den springenden Ball aufs Tor schießen (re/li); Ball aus dem Dribbling aufs Tor schießen.
2 × 10 Min.	Spiel	Spiel 6:5 + 1
5 Min.	Aktive Pause	Kopfballspiel: Jugendbälle benutzen, kleine Abstände.
3–5 Min.	Auslaufen	Zuspielen im lockeren Lauf

Ganze Gruppe

Jeder hat einen Ball. Evtl. Zusatzaufgaben stellen: Vor dem Fangen Purzelbaum, Hinsetzen – Aufstehen, Hinlegen – Aufstehen etc.

Kann auch pro Mannschaft mit zwei bis vier Kindern gespielt werden. Darauf achten, daß abwechselnd geschossen wird. Ein Ball im Spiel, die Anzahl der Bälle kann auch erhöht werden.

Paarweise ein Ball. Auf Fixierung des Fußgelenks achten. Je nach Niveau Entfernung variieren und Zuspiel aus der Bewegung; evtl. Drop-Kicks machen lassen.

Bälle auf einer Linie hinlegen. Torentfernung nach Niveau. Ziele vorgeben: re/li, oben/unten. An mindestens zwei Toren üben.

Das abwehrende Team spielt jeweils mit Torwart. Ist es im Angriff, stürmt der Torwart mit und stellt dadurch Überzahl her.

Paarweise Ball zuwerfen und zurückköpfen. Auf korrekte Ausführung achten.

Paarweise ein Ball. Das gesamte Feld nutzen: Stoßarten variieren; nicht außer Atem kommen!

Zeit	Ziele	Trainings- und Übungsinhalte
bis 5 Min.	Einstimmen auf die Stunde	Vorschau
10 Min.	Aufwärmen, Ball führen, Aufgaben übernehmen	«Zwei-Felder-Fußball» (Regeln siehe Einheit 11)
10 Min.	Dehnen, Koordination, Kräftigen	Rumpf- und Beinmuskulatur dehnen (siehe Anhang, S. 124 ff). Seitgalopp und Überkreuzlauf mit Händehalten des Partners frontal und Rücken zu Rücken; Hopserlauf vor- und rückwärts ohne/mit Armkreisen vw/rw (evtl. mit gegenläufigem Armkreisen). Kräftigen. Rückenlage: Oberschenkel senkrecht stellen – Stirn Richtung Knie bringen, Arme schieben am Boden entlang; Rückenlage: Körper auf Schultern und Fersen nach oben drücken – halten; Sohle nicht aufsetzen.
15 Min.	Zweikampf	Spiel 1 : 1 im Wechsel in der Dreiergruppe (aktive Pausen einlegen)
5 Min.	Tore erzielen – per Schuß – per Kopf	Ball zurollen und werfen. Auf Tor mit Tormann schießen und köpfen. Entfernung etwa 8 bis 12 Meter
15 Min.	Gleichzahlspiel und Auslaufen	Ganze Gruppe

Ganze Gruppe

Abb. rechts

Halbes F-Junioren-Feld (eine Bahn).
Übungen je nach Niveau erschweren;
Kräftigungsübungen zwischen die
Koordinationsläufe einfügen.

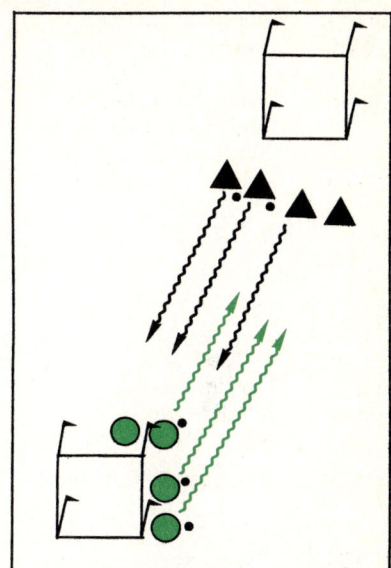

Feld 15 × 10 Meter, Tore 1 Meter ohne
Torhüter, drei Spieler pro Feld.
A dribbelt gegen B, nach Ballverlust
oder Tor von A dribbelt B gegen C,
dann C gegen A etc. Ab Spielfeldmitte
angreifen. An die Tore werden Ersatz-
bälle gelegt, damit nach Fehlschüssen
sofort weitergespielt werden kann.
Der pausierende Spieler holt jeweils
den Ball zurück.

Alle Bälle zum Ü-Leiter. Er rollt und
wirft Bälle von der Torauslinie bzw.
von hinter dem Tor (Abb. rechts).

Zwei Teams. Feld ca. 40 × 25 Meter,
Tore 5 Meter breit, feste Torhüter.
Danach zwei Runden auslaufen.

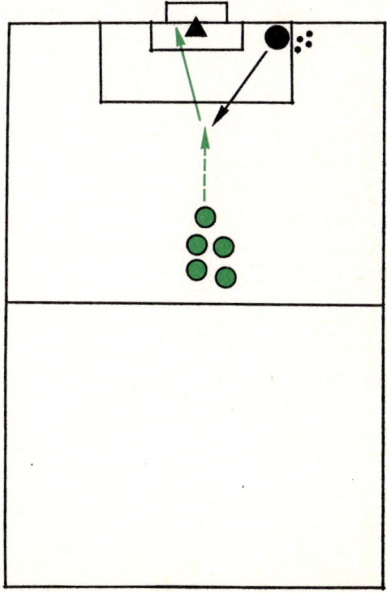

Zeit	Ziele	Trainings- und Übungsinhalte
bis 5 Min.	Einstimmen auf die Stunde	Was machen wir heute? – Warum?
15 Min.	Warmlaufen mit individueller Ballarbeit, spezielle Koordination	Im Hütchenlabyrinth Ball führen und zum Partner passen (durch ein Hütchentor). Hütchenlabyrinth so anlegen, daß aus ihm heraus Torschußaktionen gestartet werden können. Ball hochwerfen, mit Spannstoppen und vorlegen – Torschuß; Ball hochwerfen – Torschuß. Ball vorwärts führen, mit der Sohle zurückziehen und mit der Innenseite wieder mitnehmen (re/li).
15 Min.	Doppelpaß, Torschuß	Paß zum Ü-Leiter, Zuspiel in den Lauf – Torschuß (aus dem Stand/aus der Bewegung); nach rechts und nach links.
10 Min.	Spiel	Spiel 6:4 + 2 Torhüter
15 Min.	Spiel	Spiel 6:5 + 1 Torhüter
6 Min.	Auslaufen, Ball führen	Mann ohne Ball verfolgt den Ballführenden. «Lauft nicht zu schnell!»

Ganze Gruppe

Paarweise ein Ball. Ganze Gruppe im
Hütchenlabyrinth laufen lassen.
Hinweis: «Vermeidet Zusammen-
stöße!»
Hütchenlabyrinth in Strafraumnähe
aufbauen (vgl. Abb. in Einheit 22).
Jeder hat einen Ball. Torentfernung
8 bis 10 Meter. Torgröße etwa 5 Meter.
Jeder hat einen Ball. Im Hütchenlabyrinth üben. Nach mehrmaligem Fintie-
ren darf auf das Tor gedribbelt und geschossen werden.

Jeder hat einen Ball. Tor mit Hinder-
nissen (Taschen etc.) bestücken oder
Zielvorgabe geben (Abb. rechts).

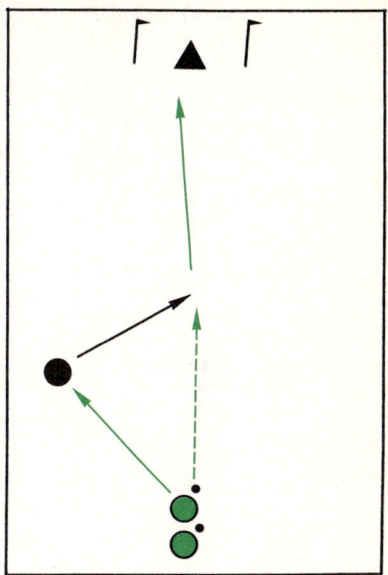

Ganzes F-Junioren-Feld. In jeder
Mannschaft sind sechs Spieler. Jeweils
zwei Spieler der verteidigenden Mannschaft gehen ins Tor.

Ganzes F-Junioren-Feld (wie zuvor,
nur noch ein Torhüter)

Paarweise ein Ball. Kreuz und quer
über das gesamte Feld; jeweils nach
einer Minute Ball- und Partnerwechsel.

Zeit	Ziele	Trainings- und Übungsinhalte
bis 5 Min.	Einstimmen auf die Stunde	Was machen wir heute? – Warum?
10 Min.	Aufwärmen, Positionen halten, Pässe schlagen, Abwehrverhalten	«Zwei-Felder-Fußball». Regeln und Aufbauplan siehe Trainingseinheit 11.
5 Min.	Ballkontrolle (Oberschenkel), spezielle Koordination	Ball hochwerfen und mit dem Oberschenkel stoppen (re/li), mit dem Fuß aufnehmen und zum Partner spielen.
20 Min.	Tore schießen	Den ruhenden und/oder rollenden Ball aus der Bewegung heraus auf das Tor schießen (re/li). Torhüter rollt/wirft Ball zu.
	Torschuß auf Zuspiel	Der Ball wird fast von der Torauslinie in Höhe der Strafraumgrenze aus dem Stand zum 11-Meter-Punkt gespielt. Torschuß, wenn möglich direkt (re/li) oder auch Kopfball.
20 Min.	Spiel	Spiel 6:6
5 Min.	Auslaufen	Ein ‹Sehender› führt einen ‹Blinden› an der Hand im lockeren Trab kreuz und quer über das Spielfeld. «Zusammenstöße vermeiden!»

Ganze Gruppe

Zwei Mannschaften. Pro Mannschaft zwei bis drei Spieler zur Verteidigung ihrer «Tabuzone» bestimmen (sie sollen ihre Angreifer mit weiten und kurzen Pässen ins Spiel bringen). Nach 3 bis 4 Min. neue Abwehrspieler bestimmen.

Partnerweise ein Ball. Wechselweise dem Partner mehrmals den Ball zuwerfen.

Dreiergruppe mit einem Ball. Tormann dreht sich nach jedem Schuß. Nach 2 Min. Wechsel, Schußarten vorgeben (Abb. rechts oben).

Alle Bälle zu den Paßgebern. Paßgeber abwechseln. Man kann auch an zwei Toren üben lassen, Schußarten und/oder Ziele können vorgegeben werden (Abb. rechts unten).

Gesamtes F-Junioren-Feld. Normales Tor. Positionen zuteilen und wechseln.

Halbes F-Junioren-Feld. Nach etwa 1 Min. Aufgabenwechsel

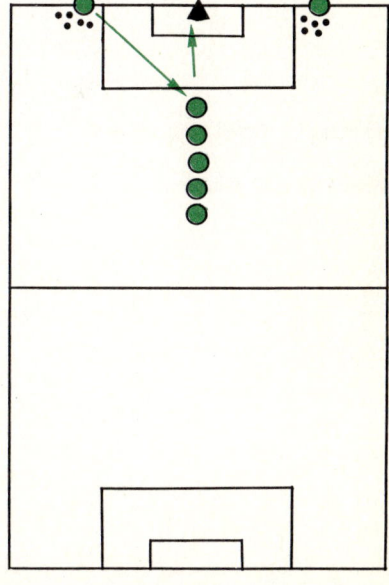

Zeit	Ziele	Trainings- und Übungsinhalte
bis 5 Min.	Einstimmen auf die Stunde	Was machen wir heute? – Warum?
10 Min.	Dehnen, Kräftigen	Stretching: Beine Kräftigen: Rumpfmuskulatur
	Aufwärmen, Koordination, Schnelligkeit, Dehnen, Kräftigen	«Schwanzfangen»: Jeder steckt sich ein Band hinten in die Sporthose, so daß drei Viertel (max. 50 cm) noch herausschauen. Jeder versucht, von anderen den Schwanz zu klauen und seinen zu behalten.
15 Min.	Ball stoppen (Oberschenkel und Spann), Innenseitstoß, spezielle Koordination	Nochmals die beiden Stopparten zeigen. Dann den Ball zuwerfen – stoppen lassen – und per Innenseitstoß/Außenspannstoß durch ein 6 Meter entferntes Tor (1 m breit) zum Werfer zurückspielen.
15 Min.	Spiel, Torschuß	Spiel 6:3 + 3 Torhüter. Es soll viel geschossen werden. Spätestens nach dem 10. Kontakt muß geschossen werden.
15 Min.	Spiel	Spiel 6:6 (jeweils ein Torhüter)
8 Min.	Auslaufen	Lange laufen

Ganze Gruppe

Siehe Kräftigungsübungen, S. 128/129

Feld je nach Gruppengröße begrenzen. Es können auch Handtücher etc.
als Schwänze benutzt werden.

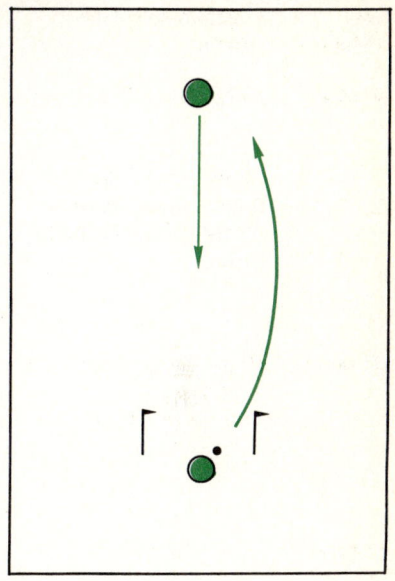

Paarweise ein Ball. Nach zehn Versuchen wechseln. Entfernung kann vergrößert und andere Schußarten können
vorgegeben werden (Abb. rechts).

F-Junioren-Feld. Sehr große Tore
(Hütchen oder Stangen zum Provozie-
ren von Schüssen. Markierung
vorgeben, ab der geschossen werden
soll (größere Entfernung).

F-Jugend-Feld und Tore

Ganze Gruppe. Aufgabe: «Jeder führt
seinen Ball über das ganze Feld und
schießt auf das Tor. Kommt ohne Ball
zurück. Lauft auf den Auslinien
zurück; jeder holt einen Ball und
führt ihn wieder her. Dann lauft mit
dem Ball am Fuß alle Linien des Fuß-
ballfeldes entlang. Nicht außer Atem
kommen.»

Zeit	Ziele	Trainings- und Übungsinhalte
bis 5 Min.	Einstimmen auf die Stunde	Was machen wir heute? – Warum?
10 Min.	Aufwärmspiel	4 : 4 Handball. Ball in den eigenen Reihen halten.
25–30 Min.	Ballschulung, spezielle Koordination, Technik-Zirkel	Technik-Zirkel erklären (8 Stationen) 1. Jonglieren 2. Slalom dribbeln (2 Kurse stecken, einen geradlinigen und einen Zickzackkurs) 3. Kopfball – zuwerfen – genau zurückköpfen 4. Innenseitstoß durch 1 Meter breites Tor aus 8 Meter Entfernung 5. Schuß aus 8 bis 10 Meter Entfernung auf das Tor über eine 1 Meter hohe Leine 6. Zugeworfene Bälle stoppen. Ball soll möglichst nah am Körper bleiben. 7. Außenspannstoß durch 1 Meter breites Tor aus 8 Meter Entfernung 8. Torschuß mittels «Drop-Kick»
15–20 Min.	Spiel	Abschlußspiel ganze Gruppe
5 Min.	Auslaufen	2 Platzrunden auf den Außenlinien mit Einbeziehung der Mittellinie, so daß man eine «Acht» auf dem Spielfeld läuft (mit Ball).

Ganze Gruppe

Anzahl der Kontakte innerhalb der
Mannschaft zählen.
Maximal 3 Schritte laufen.

Mit den Kindern die Stationen aufbauen und der Reihe nach die jeweiligen Übungen vormachen.
1. Durchgang zum Kennenlernen, pro
Station 1 Min. An jeder Station zwei
Kinder üben lassen.
2. Durchgang: Beide Partner können
gleichzeitig üben (Stat. 1, 2, 4, 5, 7, 8);
90 Sek. Übungszeit, 30 Sek. Pause zum
Stationswechsel. An den Stationen 3
und 6 wird jeweils 45 Sek. partnerweise abwechselnd geübt.
Nicht auf Schnelligkeit, sondern
auf saubere Bewegungsausführung
achten. Je nach Niveau Entfernungen
vergrößern oder verkleinern.

F-Junioren-Feld

Jeder Spieler hat einen Ball.

Zeit	Ziele	Trainings- und Übungsinhalte
bis 5 Min.	Einstimmen auf die Stunde	Was machen wir heute? – Warum?
5 Min.	Individuelle Ballarbeit	Ball zwischen den Füßen hin und her spielen; Ball mit re Fuß von li nach re mit leichtem Sohlenkontakt auf den Ball übersteigen und mit Innenseite re zum li Fuß spielen.
10 Min.	Aufwärmen, Koordination	Staffelspiele: 2 Bälle tragen – 3 Bälle tragen; Ball mit einer Hand dribbeln; Ball am Fuß führen; auf allen vieren rückwärts krabbeln mit Ball auf dem Bauch; Ball am Boden rollen (Hand immer am Ball); wie zuvor, doch ständiger Wechsel von re und li Hand.
10 Min.	Zweikampfschulung, Torschuß	Ballannahme – Gegner ausspielen – Torschuß (re/li)
20 Min.	Doppelpaß, Torschuß	– Dribbling – Paß zum Mitspieler – Zuspiel – Torschuß. Ü-Leiter stellt passiven Abwehrspieler dar. – wie vorher; nur dribbelt der äußere Spieler – Doppelpaß nach innen – Annahme des Zuspiels – weiterdribbeln und flache oder hohe Flanke nach innen. Mitgelaufener Partner versucht, Tor zu erzielen.
15 Min.	Spiel	Spiel 7:6 + 1 Torhüter
5 Min.	Auslaufen	Spieler laufen hintereinander. Nach jeweils 10 Sek. wechselt Führung, ohne daß die gesamte Gruppe schneller wird. Jeder hat einen Ball.

Ganze Gruppe

Jeder hat einen Ball. Links und rechts üben lassen.

Umkehr- und Pendelstaffel

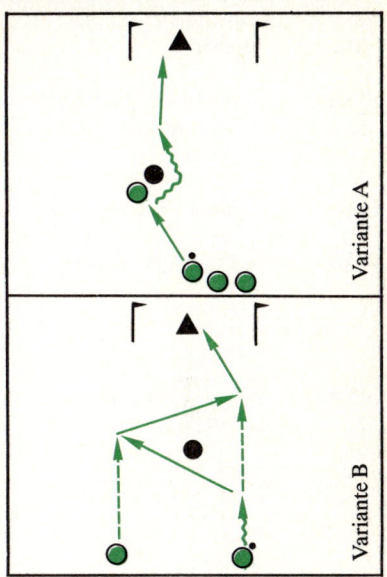

Jeder hat einen Ball. Der Zuspieler ist der nächste Angreifer. Ü-Leiter ist passiver Abwehrspieler. Bisher erlernte Finten anwenden. Kann auch an mehreren Toren geübt werden. (Spieler übernehmen im Wechsel passive Abwehrrolle.) (Abb. rechts oben; Variante A)

Paarweise ein Ball
(Abb. rechts oben; Variante B)

Je nach Niveau können Hindernisse/ Gegenspieler eingebaut werden (Abb. rechts unten).

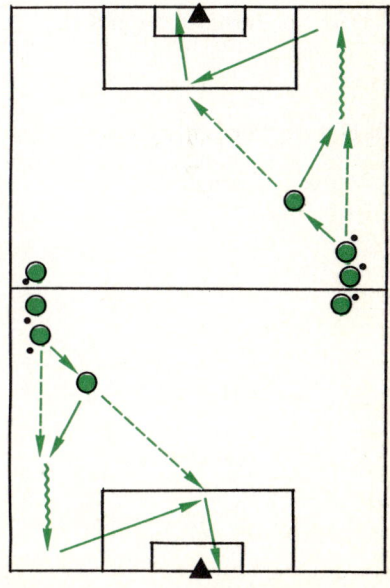

Ganzes Feld

Darauf achten, daß der an die Spitze kommende Spieler sein Überholtempo wieder verlangsamt.

Zeit	Ziele	Trainings- und Übungsinhalte
bis 5 Min.	Einstimmen auf die Stunde	Was machen wir heute? – Warum?
10 Min.	Aufwärmen, Ball führen, Dribbling, taktisches Denken	«Zwei-Felder-Fußball»
5 Min.	Dehnen, Kräftigen	Beine, Rumpf
10 Min.	Spiel, Manndeckung	Spiel 2:2 ohne Torhüter
10 Min.	Aktive Erholung, spezielle Koordination	a) Ball mit (re/li) Fuß im Zickzack führen. Ball mit Außenspann und Innenseite spielen (jedes Bein zunächst für sich). b) Ball mit re Innenseite nach li schieben und mit li Außenspann weiterspielen; dann von li nach re.
10 Min.	Torschuß, Drop-Kick	«Drop-Kick» üben. Im Stand mit Anlauf: Ball aus der Hand spielen; zugeworfene Bälle spielen.
15 Min.	Spiel	Spiel 7:6 + 1 Torhüter
3–5 Min.	Auslaufen	Langsam laufen. Auf Pfiff überholen die beiden letzten im Slalom die Gruppe, ohne zu stark zu beschleunigen.

Ganze Gruppe

Vgl. Trainingseinheit Nr. 11
(Abb. rechts)

Siehe Übungsanhang, S. 126–129

Spielfeld 20 × 10 Meter, Tore 2 Meter
breit. Bei erkennbarer Ermüdung
früher abbrechen. Aktive Pausen
einschieben.

Jeder hat einen Ball. Jeweils 20 Meter
Ball führen, dann Torschuß. Eher auf
Präzision als auf Tempo achten.
Schußmarkierung vorgeben (Abb.
rechts unten).

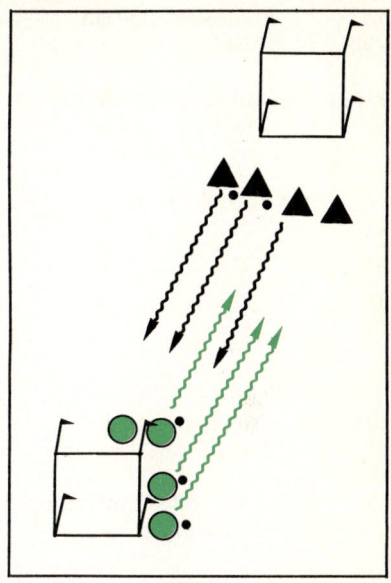

Jeder einen Ball. Schießen auf große
Tore mit Torhüter

Ganzes Feld

In 2 Reihen nebeneinander um den
Platz laufen.

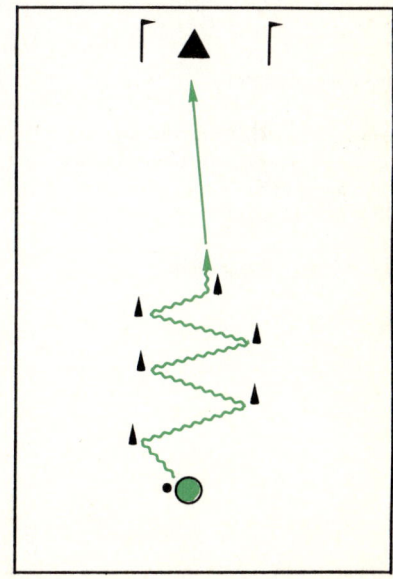

Zeit	Ziele	Trainings- und Übungsinhalte
bis 5 Min.	Einstimmen auf die Stunde	Was machen wir heute? – Warum?
10 Min.	Aufwärmen, sicheres Zuspiel	Paßspiel 5 : 2
20 Min.	– Ballführung, Doppelpaß, Torschuß – Doppelpaß mit Gegner-überwindung	Ballführen durch das Hütchen-labyrinth – Doppelpaß mit Ü-Leiter – Torschuß Doppelpaß spielen mit einem Gegner – Torschuß
15 Min.	Spiel	Spiel 7 : 6 + 1 Torhüter
5 Min.	Aktive Erholung, spezielle Koordination	Mit dem Ball jonglieren, stoppen, Ball mit dem Fuß hochnehmen
10 Min.	Spiel	Spiel 7 : 7, jeweils ein Torhüter
3–5 Min.	Auslaufen	Einmal um das Clubhaus / Clubgelände laufen und Training besprechen.

Ganze Gruppe

Fünf Spieler stellen sich um ein 12 × 12 Meter großes Feld. Im Feld befinden sich zwei Spieler, die versuchen sollen, Pässe der fünf anderen abzufangen. Spieler, die einen Fehlpaß verursachen, müssen in die Mitte. Aus der Mitte heraus geht jeweils der Spieler, der sich am längsten darin befand. Erschwerung: Feld verkleinern, Anzahl der erlaubten Ballkontakte verringern.

Jeder hat einen Ball (Abb. rechts).

Paarweise ein Ball. Ü-Leiter fungiert als (passiver) Gegner. Bei geeignetem Niveau kann Doppelpaß oder Alleingang zur Wahl gestellt werden (Abb. rechts unten).

Ganzes Feld

Jeder hat einen Ball.

Ganzes Feld

Ganze Gruppe, nicht zu schnell

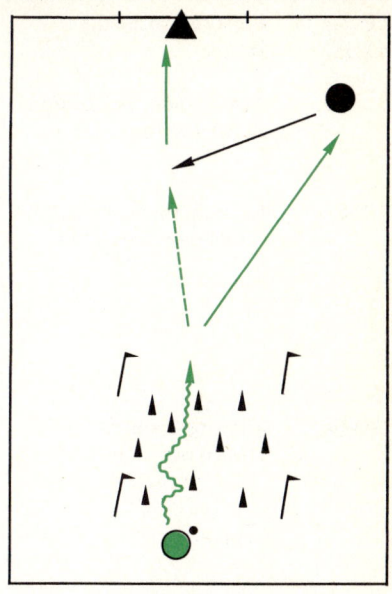

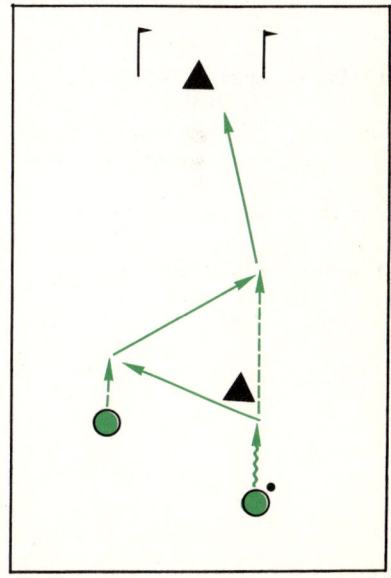

Zeit	Ziele	Trainings- und Übungsinhalte
bis 5 Min.	Einstimmen auf die Stunde	Was machen wir heute? – Warum?
5 Min.	Aufwärmen, Ball führen, Ballsicherung	«Wir versuchen, die Bälle der anderen wegzuschießen, während wir selbst einen Ball führen.»
10 Min.	Koordination, Ballgefühl, Timing, Gewandtheit	Ball mit Gefühl spielen und nebenher laufen – Purzelbaum – weiter mit Balltempo laufen. – Ball spielen – überholen – zwischen den Beinen durchrollen lassen und mit den Händen möglichst spät anhalten. – Ball spielen, re überholen etc. (li/re spielen).
20 Min.	Timing, Torschuß, Dribbling, Effet-Stöße	– Um Hütchen dribbeln – Torschuß re/li. – Ball vorlegen – um Hütchen laufen – Torschuß re/li (Variante A). – «Wer kann gerade anlaufen und die äußeren Tore treffen?» Effetstöße fordern (Außen-/Innenspann, flach, hoch, re/li) (Variante B).
10 Min.	Spiel, Torschuß, Dribbeln	Spiel 1 : 1 auf ein Tor mit Torhüter
15 Min.	Spiel	Spiel 7 : 7 mit Torhüter
5 Min.	Auslaufen	«Schlangenlinien laufen» (Feld)

Ganze Gruppe

Auf kleinem Feld spielen, etwa
10 × 10 Meter (oder auch Strafraum).
Jeder hat einen Ball.

Jeder hat einen Ball.

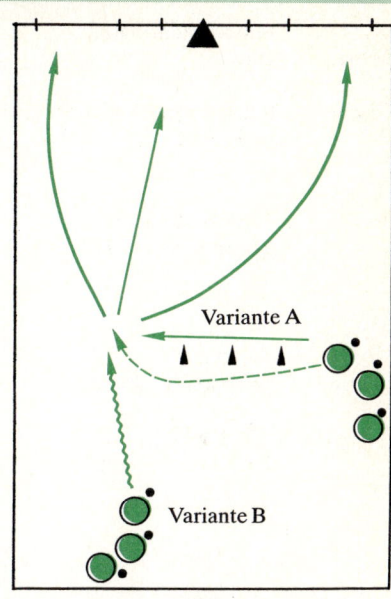

Variante A

Variante B

Jeder hat einen Ball. Neben das
normale Tor noch je ein weiteres
Hütchentor re und li mit 3 Meter
Breite stellen. Abstand der Tore ist
3 Meter. Evtl. Zielbereiche vorgeben
oder von Spielern ansagen lassen; auch
von links üben lassen (Abb. rechts
oben).

Spiel 1 : 1 auf ein Tor. Spieler warten an
der Mittellinie; der nächste beginnt,
wenn der Angriff zuvor beendet ist.
Stürmer wird nach Torschuß oder Ballverlust zum Abwehrspieler. Bisheriger
Abwehrspieler dribbelt den Ball zur
Mittellinie zurück. Bekannte Finten
üben (Abb. rechts).

Ganzes Spielfeld

Ü-Leiter läuft voraus.

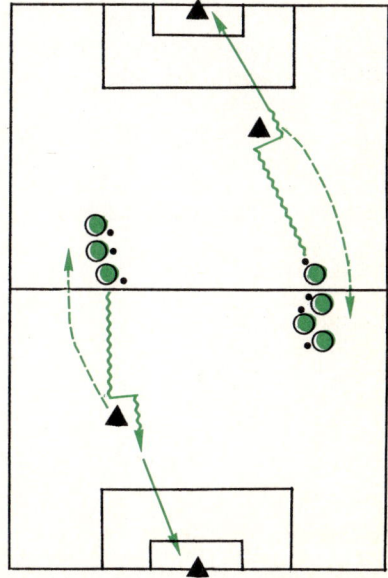

Zeit	Ziele	Trainings- und Übungsinhalte
bis 5 Min.	Einstimmen auf die Stunde	Was machen wir heute? – Warum?
10 Min.	Ballschulung	3- bis 4mal Ball jonglieren, Flachpaß zum Partner – Ballannahme, jonglieren, Flachpaß etc.
	Aufwärmen, Koordination	Laufstrecke Toraus- bis Mittellinie. Partnerweise Ball jeweils zwischen Bauch, Rücken und Stirn klemmen.
10 Min.	Torschuß, Dribbling	Spieler führen den Ball in begrenztem Feld in Strafraumnähe. Jeder Spieler hat eine Nummer. Ü-Leiter ruft die Nummern in Reihenfolge und in beliebiger Folge auf. Nach Aufruf dribbelt ein Spieler sofort in Richtung Tor und schießt ab Strafraum oder näher. Schließlich schießen die Spieler ohne Aufruf in der richtigen Reihenfolge.
15 Min.	Schnelles Kombinationsspiel	Spiel 3:1 + 2 Torhüter. Bei entsprechendem Niveau kann man auch 3:2 + 1 Torhüter spielen lassen.
5 Min.	Aktive Pause, Technik	Ball führen, Innenseitstoß als Paß nach re antäuschen (mit re Fuß), Ball aber mit der Sohle nach li ziehen (dasselbe mit dem linken Bein).
15 Min.	Spiel	Spiel 7:7 mit je einem Torhüter
5–10 Min.	Auslaufen	Wir laufen einmal um das Sportplatzgebäude.

Ganze Gruppe

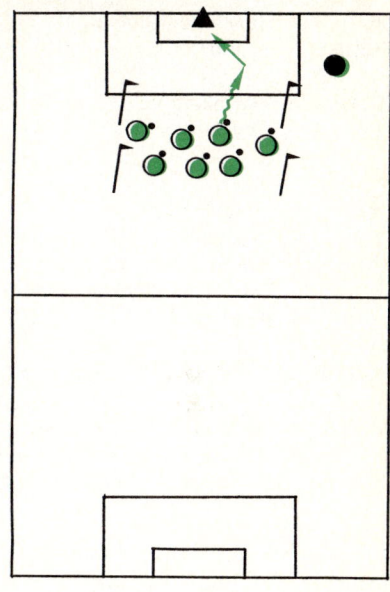

Paarweise ein Ball. Je nach Niveau
Auflagen machen (nur li, nur re,
abwechselnd li / re . . .).

Paarweise ein Ball. Vorige Übung
zwischen die Läufe einschieben.
Man kann seitwärts oder vorwärts
laufen (dabei läuft einer vorwärts, der
andere rückwärts).

Jeder hat einen Ball. Beim Ballführen
Finten üben lassen. Evtl. Vorgabe von
Schußtechniken und Zielbereichen im
Tor, re und li schießen lassen; mit
Torhüter (Abb. rechts).

Direktspiel fördern. Spielfeld
30 × 15 Meter, Tore 4 Meter breit.
Anzahl der Kontakte vor Abspiel je
nach Niveau begrenzen (3 : 2 oder
Direktspiel).

Jeder hat einen Ball.

F-Junioren-Spielfeld

Über das Training reden!

Zeit	Ziele	Trainings- und Übungsinhalte
bis 5 Min.	Einstimmen auf die Stunde	Was machen wir heute? – Warum?
10 Min.	Warmlaufen, Gewandtheit	«Jäger und Hase»: Jäger müssen mit dem Ball die Hasen in die Beine abwerfen. Getroffene Hasen werden zu Jägern. Sie dürfen nur ohne Ball laufen.
5 Min.	Koordination, Gewandtheit, Beweglichkeit, Kräftigung	Armkreisen vorwärts, rückwärts, gegenläufig. Liegestütz – Anhocken – Strecksprung – Strecksprung mit 180° Drehung – Abhocken – Liegestütz – Anhocken etc. Hampelmann: normal; – Arme normal, Beine Schrittsprünge; – Beine normal, vor und hinter dem Körper in die Hände klatschen; Hampelmann im Seitgalopp.
10 Min.	Genauer Torschuß	Der Ball wird zum Ü-Leiter gespielt. Dieser spielt quer – Torschuß aufs Hütchentor. Im Tor stehen 2–3 Taschen in der Mitte. Das Tor zählt nur, wenn man zwischen Taschen und Hütchen trifft (statt des ÜL kann auch ein Spieler eingesetzt werden).
5 Min.	Ballmitnahme	Ball hochwerfen und mit dem Fuß mitnehmen. Rechts – links – Innenseite – Außenseite. Durch ein Hütchentor dribbeln und wieder hochwerfen.
10 Min.	Spiel. Aufgaben übernehmen, Positionen halten	Spiel 7 : 5 + 2 Torhüter
15 Min.	Spiel	Spiel 7 : 7 mit je einem Torhüter
5 Min.	Auslaufen	Spieler legen fest, wohin und wie lange sie laufen wollen.

Ganze Gruppe

Das Spiel wird schwerer, wenn man zwei oder mehr Bälle ins Spiel bringt.

Trababschnitte zur Lockerung einschieben.

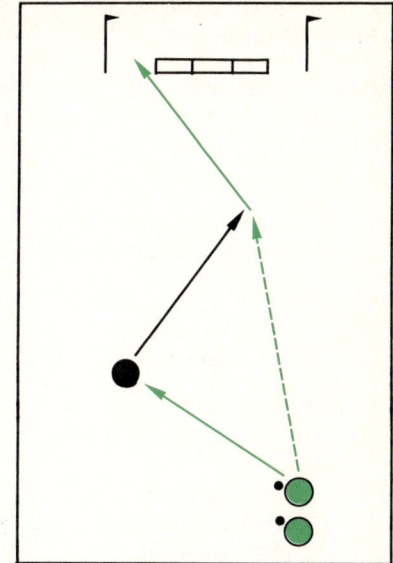

Jeder hat einen Ball, das Tor ist 5 Meter breit, 3 Meter durch Taschen oder ein sonstiges Hindernis verstellen, die Schußentfernung beträgt 8 bis 10 Meter (li und re üben lassen); Schußarten vorgeben (Abb. rechts oben).

Frei bewegen im Hütchenlabyrinth. Variante: Erleichterung durch Vergrößerung des Raums bzw. jedem Spieler festes Tor zuweisen (Abb. rechts).

Ganzes Spielfeld

Ganzes Spielfeld. Positionen der Spieler durchwechseln.

Laufdauer mindestens 5 Min.

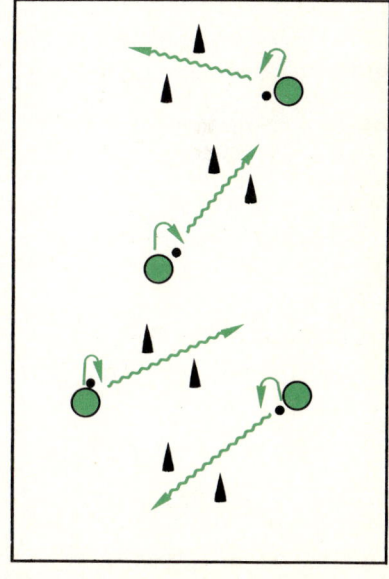

Zeit	Ziele	Trainings- und Übungsinhalte
bis 5 Min.	Einstimmen auf die Stunde	Was machen wir heute? – Warum?
5 Min.	Sicheres Zuspiel	5:2 Paßspiel (siehe Trainingseinheit 20)
10 Min.	Einwurf, Kopfball, Zwei-kampf 1:1, Ballkontrolle	Einwurf vom Hütchentor aus, Spieler köpft, Torhüter nimmt Ball an; 1:1 dribbeln auf Tor gegenüber.
10 Min.	Torschuß	Ü-Leiter wirft/rollt die Bälle zu. Aufgabe: «Schießt aus allen Lagen direkt» (re/li).
10 Min.	Technikschulung (Finten), spezielle Koordination	Den Ball mit der Innenseite rechts führen. Kurz vor dem Gegenspieler den Ball übersteigen, Drehung um 180 Grad und mit der Innenseite links wegführen.
20 Min.	Spiel	Spiel 7:7 mit je einem Torhüter
5 Min.	Auslaufen	Linienlauf

Ganze Gruppe

Fünf Spieler stellen sich um Spielfeld auf, zwei Spieler in der Mitte; je nach Niveau durch Ballkontaktvorgabe erschweren.

Paarweise ein Ball (Abb. rechts)

Alle Bälle zum Ü-Leiter. 5 Meter breites Tor, 10 Meter Schußentfernung, kann auch an zwei Toren geübt werden. Evtl. Schußarten u. Zielbereiche vorgeben (Abb. rechts unten).

Dreiergruppe mit zwei Bällen und Hütchen. Viereck, Seitenlinie je 5 Meter (vgl. Einheit 38, Abb. oben).

Aufgaben verteilen und variieren.

Großes Feld. Wir laufen immer von der Torauslinie zu den ganzen Querlinien (vgl. Trainingseinheit 4, Abb. unten).

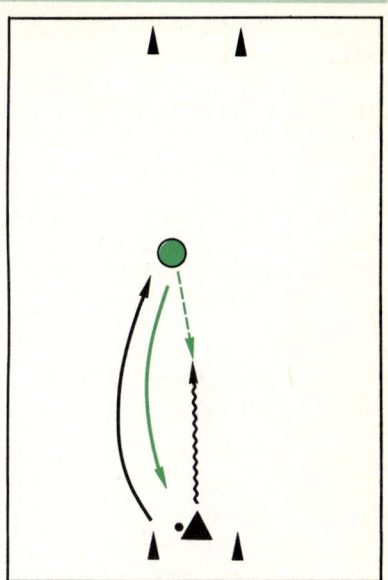

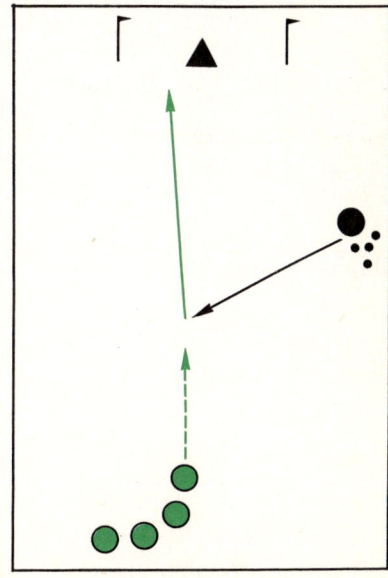

Zeit	Ziele	Trainings- und Übungsinhalte
bis 5 Min.	Einstimmen auf die Stunde	Was machen wir heute? – Warum?
10 Min.	Aufwärmen, Paßarten	Dribbeln im Hütchenlabyrinth mit Kurzpaß zum Partner; dann längere Bälle ins benachbarte Labyrinth, nachdem Partner das Labyrinth gewechselt hat.
5 Min.	Technik (Finte), spezielle Koordination	Ball führen, Flanke antäuschen, Ball aber mit der Fußinnenseite hinter dem Standbein vorbeispielen (re/li).
10 Min.	Kopfballspiel, spezielle Koordination	Aus der Hand den Ball so spielen, daß der Partner zurückköpfen kann (Hütchentore). Köpfen aus Stand, Sprung, Drehung; Aufsetzer.
15 Min.	Torschuß, Dribbling, Passen, Flanken	An der Auslinie dribbelt ein Spieler von der Mittellinie durch das Hütchenlabyrinth Richtung Torauslinie/Strafraumgrenze und paßt/flankt einem mitgelaufenen Stürmer zu. In der Mitte startet gleichzeitig mit dem Außenstürmer ein weiterer Spieler mit Ball. Da dieser einen Slalom überwinden muß, kann er zuerst mit seinem Ball von der Strafraumgrenze schießen und auf den Paß/Flanke von außen warten und verwerten (re/li).
20 Min.	Spiel	Spiel 4:4 ohne festen Torhüter. Letzter Mann darf Ball mit der Hand spielen.
5 Min.	Auslaufen	Lange laufen, ohne außer Atem zu kommen.

Ganze Gruppe

2 Hütchenlabyrinthe; Entfernung je
nach Könnensstand 12 bis 20 Meter.
Parter ab und zu neu zusammenstellen (Abb. rechts).

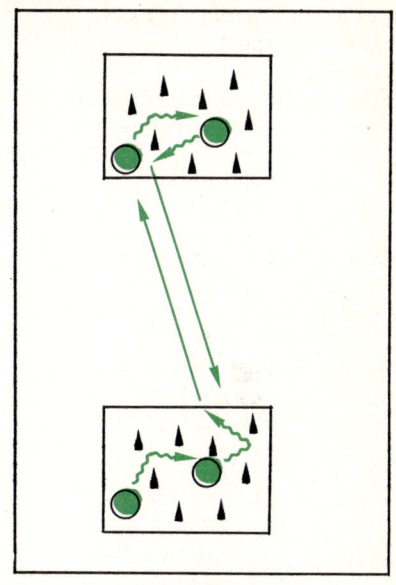

Jeder hat einen Ball. Der Trainer
macht die Übungen vor.

2 Meter breite Tore, 5 bis 8 Meter
Abstand (leichte Bälle verwenden,
Volleybälle oder Softbälle).

Jeder hat einen Ball. Ein Torhüter,
das Tor ist 5 Meter breit. Aufgabenwechsel: nach jedem Durchgang stellen sich die Spieler an der anderen
Reihe an (Abb. rechts unten).
Slalom durch Umstellen der Hütchen
variieren und unregelmäßig gestalten.

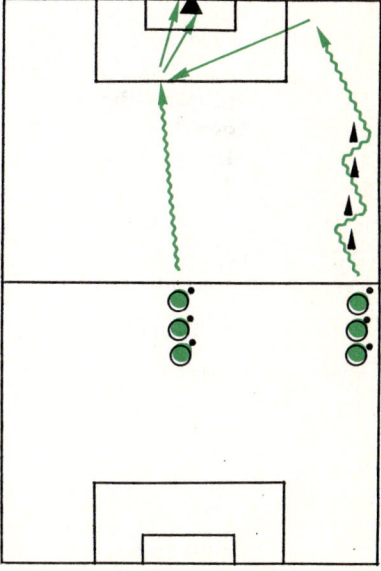

Feldgröße ist 30 × 15 Meter. Die Tore
sind 2 Meter breit.

Aufgabe: «Zählt beim Laufen die
Pfosten der Zuschauerbarriere.»

Zeit	Ziele	Trainings- und Übungsinhalte
bis 5 Min.	Einstimmen auf die Stunde	Was machen wir heute? – Warum?
5–10 Min.	Laufen, Aufwärmen, spezielle Koordination	Jeder Spieler sucht sich einen Ball und bringt ihn zum Mittelkreis. Wer einen Ball gefunden hat, jongliert etc., bis alle einen Ball haben und im Mittelkreis sind.
10 Min.	Koordination, Ausdauer, Technik	«Haltet euer Feld frei!»: Jede Mannschaft versucht, so wenig Bälle wie möglich in der eigenen Hälfte zu haben. 4 × 1 Min. mit je einer aktiven Pause (Gymnastik) a) Ball mit der Hand rollen, b) Ball als Aufsetzer werfen, c) mit dem Innenspann spielen, d) Ball selbst hochwerfen und über die Linie köpfen.
20 Min.	– Kombinieren mit Torschuß	Ab der Mittellinie mehrere Pässe in Richtung Tor spielen, dann Torschuß (re/li). Bei geeignetem Niveau auch Direktspiel fordern.
	– Steilpaß – Flanke – Torschuß	Der Außenstürmer hat den Ball – Querpaß zum Mittelstürmer – Steilpaß nach außen – Flanke. Der mitgelaufene Mittelstürmer versucht Flanke (flach/hoch) zu verwerten. Positionen tauschen; nach beiden Seiten üben.
20 Min.	Spiel	Spiel 7 : 7 mit Torhüter
5 Min.	Auslaufen	Laufen mit Ball: Drehungen, Wendungen, langsame Fintenausführung

Ganze Gruppe

Ü-Leiter verteilt zuvor die Bälle auf dem Sportplatzgelände.

Sehr viele Bälle, am besten mehr Bälle als Spieler. Bälle, die nach außerhalb rollen, dürfen geholt werden. Gesamtes Feld: ca. 25 × 15 m.

Paarweise ein Ball. Eventuell passiven oder teilaktiven Abwehrspieler einbauen (Abb. rechts oben).

Abb. rechts

Ganzes Feld. Gelegentlich Positionen umverteilen.

Nicht außer Atem kommen.

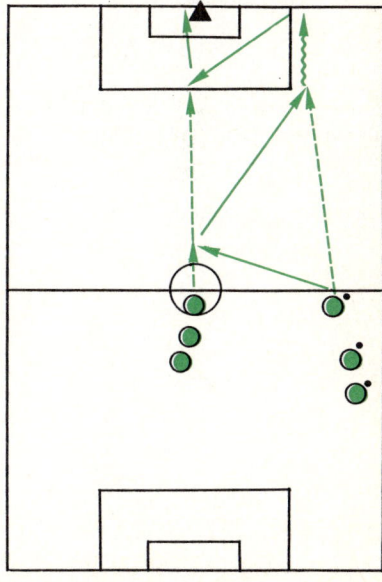

Zeit	Ziele	Trainings- und Übungsinhalte
bis 5 Min.	Einstimmen auf die Stunde	Was machen wir heute? – Warum?
10 Min.	Sicheres Zuspiel, Ballarbeit	Spiel 5:2 (vgl. Trainingseinheit 20), je nach Niveau Ballkontaktvorgabe
5 Min.	Koordination, Beweglichkeit	Traben mit Armkreisen vor- und rückwärts; Hopserlauf ohne und mit Armkreisen
10 Min.	Torschuß, spezielle Koordination	Ball im Fallen spielen, Spieler laufen mehrere Schritte, gleiten in die Bahn des seitlich zugespielten Balls und versuchen, im Fallen ins Tor zu schießen.
15 Min.	Dribbling, Torschuß	Schattenlaufen Richtung Strafraum. Vorderer Spieler (ohne Ball) läuft Kurven, Zickzack etc. Der Ballführende folgt möglichst eng. Am Strafraum wird der Vorauslaufende zum Abwehrspieler; der Ballbesitzer versucht, per Dribbling zum Torschuß zu kommen.
20 Min.	Spiel	Spiel 7:7 mit festen Torhütern
5 Min.	Auslaufen	«Wir spielen ‹Flieger›. Flügel sind die seitlich gestreckten Arme. Wir fliegen erst im 16-Meter-Raum, dann im 5-Meter-Raum durcheinander, wenn Flügel sich berühren, langsam landen, reparieren (5 Strecksprünge) und weiterfliegen. Aber langsam fliegen zum Benzinsparen.»

Ganze Gruppe

Siebenergruppen mit einem Ball. Das
Feld auf 12 × 12 Meter begrenzen. Je
nach Niveau Größe variieren.

In einer Reihe laufen / Doppelreihe als
Variation

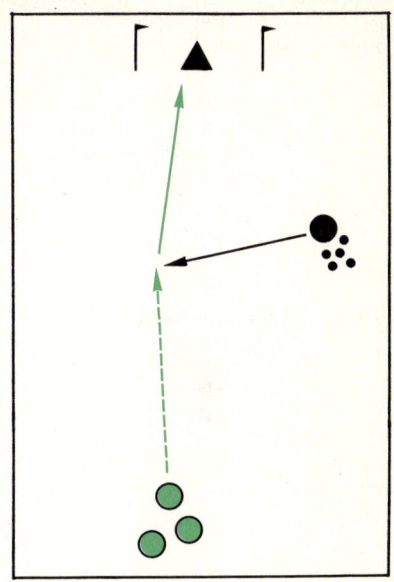

Übungsleiter spielt die Bälle zu. Üben
nur auf Rasen oder Matten; Bälle auch
so zuwerfen, daß sie in der Luft zu
nehmen sind; eventuell Zielvorgaben
machen: li / re üben (Abb. rechts).

Paarweise ein Ball. Eine Aktion sollte
etwa 20 bis 30 Sek. dauern. Es üben
mehrere Paare gleichzeitig auf 2 Tore
(oder mehr) mit je einem Torhüter.

Ganzes F-Junioren-Feld.
Manndeckung; Positionen wechseln.

Darauf achten, daß die Kinder nicht
außer Atem kommen. Die Aufgabe
zur ‹Reparatur› kann variiert werden
(koordinative Aufgaben).
Bei einem Frontalzusammenstoß
eventuell 10 Hampelmänner oder
andere Aufgaben verlangen.

Zeit	Ziele	Trainings- und Übungsinhalte
bis 5 Min.	Einstimmen auf die Stunde	Was machen wir heute? – Warum?
15 Min.	Spiel ohne Ball, Freilaufen, Positionen einhalten, Aufwärmen, Ballgewöhnung	«3-Zonen-Handball»: Das Spielfeld wird in 3 Zonen geteilt. In den Torzonen sind die Stürmer in der Überzahl. In der Mittel-Zone ist Gleichzahl. Die Spieler müssen in den Zonen bleiben.
10 Min.	Zusammenspiel, Zielschuß	Je zwei Spieler stehen in zwei etwa 30 Meter entfernt gegenüberstehenden Toren. Zwei Spieler im Feld spielen sich den Ball in Richtung Tor A zu und schießen aus ca. 8 bis 10 Metern auf das Tor. Nach dem Angriff wechseln die Angreifer ins Tor, die Torhüter ins Feld und spielen auf Tor B (re/li).
5 Min.	Technikschulung (Finten), spezielle Koordination	a) Dribbling – Flanke antäuschen – Ball mit der Innenseite hinter dem Standbein vorbeispielen; b) Innenseitstoß re am Gegner vorbei antäuschen; den Ball mit der Sohle nach li am Gegner vorbeiziehen.
30 Min.	Spiel – Turnierform	Spiel 5 : 5 mit festen Torhütern. 3 bis 4 Mannschaften. Jede gegen jede.
5 Min.	‹Abwärmen›, Auslaufen	Paarweise langsam laufen und über Dreizonenspiel und Turnierverlauf sprechen.

Ganze Gruppe

F-Junioren-Feld; zwei Teams; je ein
Torhüter. Sobald die Idee verstanden
ist, kann von Handball auf Fußball gewechselt werden. Nach je 5 Min. Positionen wechseln, damit jeder Spieler
Angriffs-, Mittelfeld- und Abwehrauf-
gaben erfüllen muß (Abb. rechts).

Tore ca. 2 Meter breit. Pro Spielfeld
drei Paare. An jedem Tor einen Er-
satzball deponieren, mit dem sofort
weitergespielt werden kann. Das ins
Tor wechselnde Paar holt den evtl. zu
weit weggerollten Ball. Erschwerung:
Hütchenlabyrinth aufbauen, Anzahl
der Ballkontakte begrenzen oder
einen Torhüter als Abwehrspieler einsetzen (Abb. rechts unten).

Jeder hat einen Ball. Wiederholung
zweier bereits bekannter Übungen.
Hütchen als ‹Gegenspieler› aufstellen;
abschließend Torschuß; re / li schießen.

Bei drei Teams mit Hin- und Rück-
spiel: = 6 Spiele à 5 Min. Pausierende
Mannschaft mit Ball beschäftigen. Bei
vier Teams Spielfelder benutzen.

Gelegentlich Partner wechseln oder
größere Gesprächsgruppen bilden.

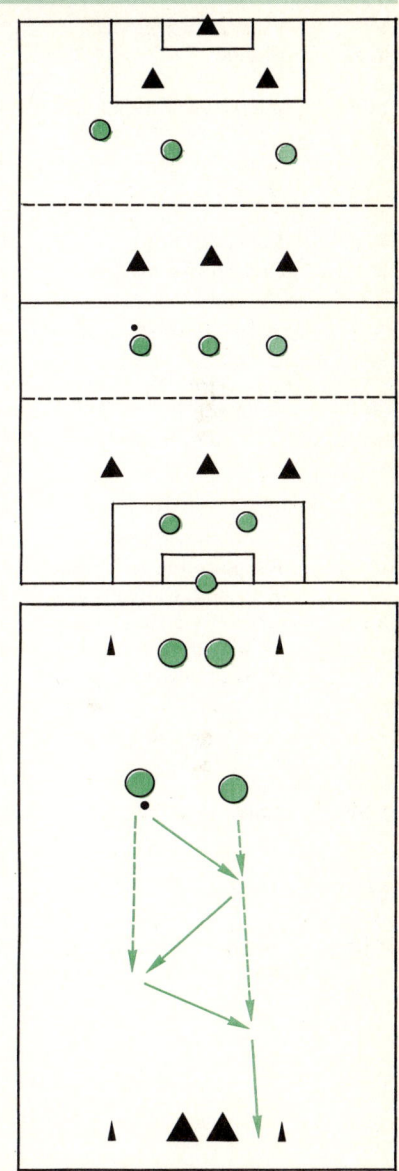

Zeit	Ziele	Trainings- und Übungsinhalte
bis 5 Min.	Einstimmen auf die Stunde	Was machen wir heute? – Warum?
5 Min.	Annahme, Zuspiel	5:2 Paßspiel (siehe Trainingseinheit Nr. 20), zwei Ballkontakte (Annahme – Abspiel).
5 Min.	Ballgewöhnung, spezielle Koordination	Bälle zuwerfen und fangen. Mit vielen Varianten: kurz, lang, hoch, flach, Bodenpaß, einarmig, beidarmig, links, rechts, Hakenwürfe, hinter dem Rücken passen, rückwärts werfen ...
15 Min.	Doppelpaß, Torschuß	Zwei Abwehrspieler greifen nacheinander den Ballführenden von zwei Angreifern an. Sie sollen mittels Doppelpaß ausgespielt werden. Anschließend Torschuß.
10 Min.	Ballgewöhnung, Timing, Torschuß, Einwurf	Hohe Zuspiele aus Einwürfen von der seitlichen Strafraumbegrenzung direkt ins Tor schießen lassen. Von re und li üben lassen.
20 Min.	Spiel	Spiel 7:7 mit Torhüter
5 Min.	Auslaufen	«Wir laufen die Linien des Fußballfeldes ab.»

Ganze Gruppe

Siebenergruppe mit einem Ball,
Feld 12 × 12 Meter. Schwierigkeit
(Ballkontakte / Feldgröße) je nach
Niveau.

Paarweise ein Ball, 5 bis 8 Meter
Abstand. Im Stand und in der
Bewegung.

Paarweise ein Ball, Tor mit Torhüter.
Aktivität der Verteidiger nach Niveau
gestalten (Abb. rechts).

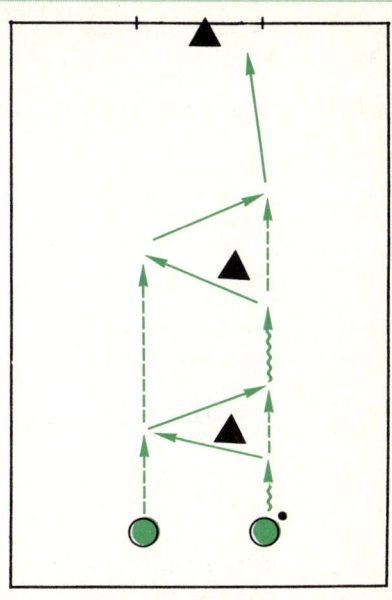

Es sollen in erster Linie hohe Bälle
gespielt werden, um die Kinder das
Einschätzen der Flugbahn üben zu lassen. Einwurfentfernungen variieren
(kurz mit Gefühl, weit mit großem
Kraftaufwand). Einwürfe aus dem
Stand und mit Anlauf (Abb. rechts
unten).

Ganzes Feld. Aufgaben verteilen.
Positionen halten und variieren.

Siehe Trainingseinheit Nr. 8

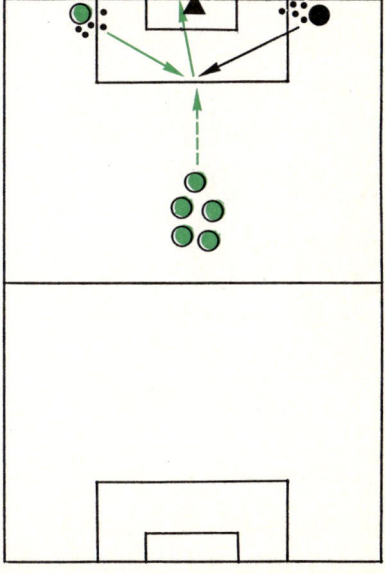

Zeit	Ziele	Trainings- und Übungsinhalte
bis 5 Min.	Einstimmen auf die Stunde	Was machen wir heute? – Warum?
10 Min.	Aufwärmen, Ballführen, Dribbling	«Zwei-Felder-Fußball»
5 Min.	Dehnen, Kräftigen, Koordination	Ganzkörpergymnastik, z. B. Hampelmann, Hocksprünge, Strecksprünge, Liegestütz, Hopserlauf im Stand mit betontem Armeinsatz.
20 Min.	Individuelle Ballarbeit, spezielle Koordination	– Jonglieren mit Fuß / Oberschenkel / Kopf – Ball hochwerfen und stoppen: Vollspann / Innenseite / Außenrist – mit Brust stoppen – Zuspiel hoch / flach. Ball entgegengehen – annehmen – abdecken – Gegner umspielen – Torschuß
20 Min.	Spiel	Spiel 7 : 5 + 2 Torhüter
5 Min.	Auslaufen	Linienlauf mit Ball (vgl. Einheit Nr. 4; Abb. unten)

Ganze Gruppe

Siehe Trainingseinheit Nr. 11

Zwischen den Übungen traben und
dehnen.

Jeder hat einen Ball.

Paarweise ein Ball. ÜL oder Spieler
agiert je nach Niveau als passiver oder
teilaktiver Gegner (Abb. rechts oben).

Hinweis an die Spieler: Die Angreifer
sollen über die Flügel angreifen. Der
Ball muß beim Angriff zwischen der
Seitenauslinie und Hütchen auf der
Mittellinie (5 m Abstand zur Seiten-
auslinie) vorgetragen werden.
Je nach Niveau Abstand der Hütchen
zur Seitenauslinie vergrößern oder
verkleinern (Vorschlag: F-Junioren-
Spielfeld) (Abb. rechts).

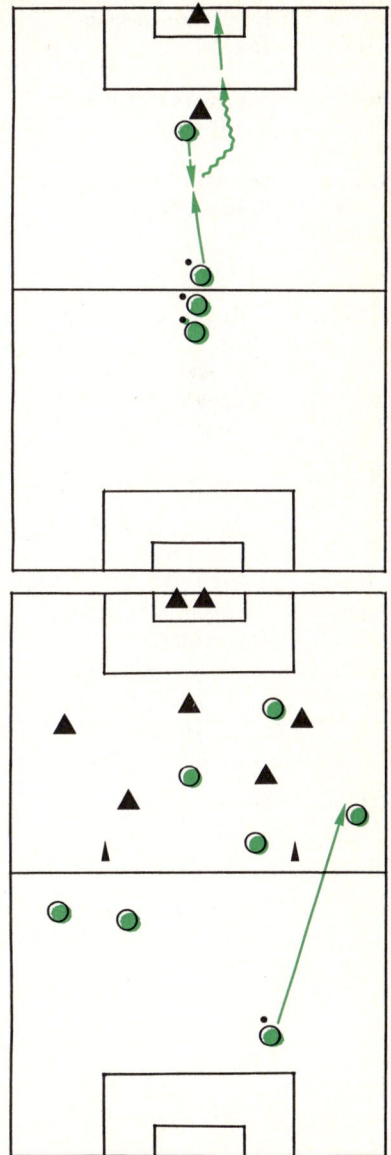

Zeit	Ziele	Trainings- und Übungsinhalte
bis 5 Min.	Einstimmen auf die Stunde	Was machen wir heute? – Warum?
10 Min.	Positionen einhalten, Aufwärmen	«3-Zonen-Fußball» (vgl. Trainingseinheit 28 «3-Zonen-Fußball»)
10 Min.	Genaues Passen, Koordination	«Treibball»: Ein Spielfeld ist in 3 Drittel unterteilt. Je eine Mannschaft steht in einem äußeren Drittel und versucht, einen Basketball mit Schüssen so zu treffen, daß er in das gegnerische Drittel rollt. Das mittlere Drittel darf nur zum Ballholen betreten werden.
5 Min.	Technikschulung, Finte, spezielle Koordination	Einen großen Schritt am Ball vorbei machen und ihn dadurch mit dem Körper abschirmen; das andere Bein nimmt den Ball mit. – Ball nach außen übersteigen, mit dem anderen Außenrist Ball nach außen mitnehmen («Übersteiger»).
6–8 Min.	Dribbeln, Torschuß mit aktiver Pause	Spiel 1:1. Es spielen mehrere Paare gleichzeitig auf mehrere Tore. Es darf nicht durch die Tore gelaufen werden. Aktive Pause: paarweise Ball jonglieren.
25 Min.	Spiel	Spiel 7:7 mit Torhütern
5 Min.	Auslaufen	«Lauft mit dem Ball so lange, ohne außer Atem zu kommen, bis ich abpfeife.»

Ganze Gruppe

Bei zu großer Schwierigkeit auf Handball zurückgreifen.

Ein Fußball pro Spieler; Feldgröße
18 × 9 Meter; ein Basketball; es kann
auch ein Fußball (rollt aber schneller
weg) oder ein Rugby-Ei benutzt werden; notfalls tut es auch eine stabile
Kartonkiste oder ein leerer Wasch-
mitteleimer (Abb. rechts).

Jeder hat einen Ball.

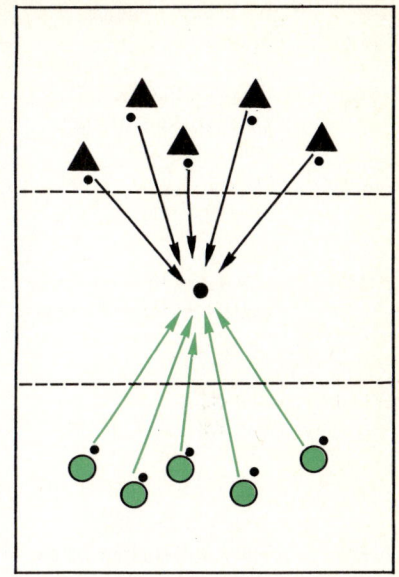

Tore 1 Meter breit. Jeweils 30 Sek.
Zweikampf mit aktiver Pause bis zu
90 Sek. Das Anwenden von Finten
anregen; Tore so stellen, daß die
Gruppen sich nicht gegenseitig stören.

Ganzes Feld. Situationen vorgeben:
«Es steht kurz vor Ende 1 : 0 (0 : 1),
und ihr wollt unbedingt kein Tor mehr
kriegen (ihr müßt noch ein Tor
schießen).»

Kreuz und quer über den gesamten
Platz. Jeder hat einen Ball. Gelegentlich Finten probieren und sich dennoch
dabei unterhalten.

Zeit	Ziele	Trainings- und Übungsinhalte
bis 5 Min.	Einstimmen auf die Stunde	Was machen wir heute? – Warum?
5 Min.	Genaues Passen, Innenseitstoß, Außenspannstoß	Passen durch die weit gegrätschten Beine des Partners. Der Ball wird immer von dort gespielt, wo er liegenbleibt. Das «Tor» bewegt sich nicht und dreht dem Schützen den Rücken zu!
10 Min.	Schnelligkeit, Koordination (Reaktionsschulung)	«Schwarz-Weiß»: Aus verschiedenen Startpositionen (Bauchlage, Rückenlage, Kniebeuge etc.) versucht die mit «Schwarz» bezeichnete Reihe, die «Weißen» zu fangen oder ihnen zu entkommen, indem sie sich hinter eine bestimmte Linie flüchtet. Gefangene Spieler müssen in die andere Mannschaft.
10 Min.	Torschuß, Ballmitnahme, Dribbling	Im Tor steht Spieler C. Spieler A dribbelt mit Ball in Richtung Mittellinie. B läuft ihm entgegen, übernimmt den Ball, dribbelt bis ca. 16 bis 12 Meter vor das Tor, Torschuß. B geht ins Tor, C dribbelt in Richtung Mittellinie, A übernimmt etc.
2 × 15 Min.	Spiel mit 5 Min. aktiver Pause	Spiel 4 : 4 ohne festen Torhüter, ‹Angreifer› gegen ‹Abwehrspieler›
5 Min.	Auslaufen	«Lauft an die vier Ecken des Fußballfeldes. Ihr habt genau 3 Min. Zeit. Mal sehen, wer nicht zu schnell oder zu langsam ist.»

Ganze Gruppe

Paarweise ein Ball. Nach Fehlschuß
oder 3 Treffern hintereinander Aufgabenwechsel. Nur flach spielen
lassen!

Dasselbe auch mit Ball. Darauf
achten, daß dann die Bälle nicht
weggeschossen werden. Abstand der
Spieler beim Start so gestalten, daß die
Verfolger eine Chance haben (Abb.
rechts).

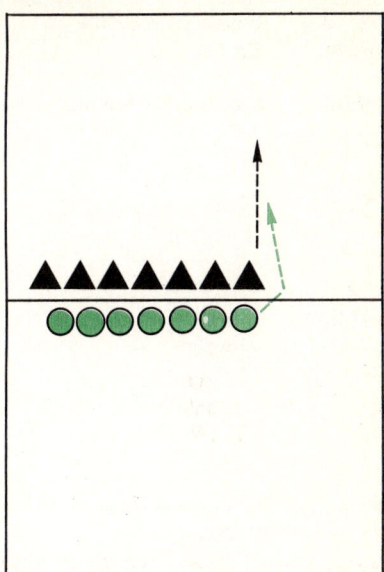

Dreiergruppe hat einen Ball. Vom Tor
bis zum Fähnchen, wo B steht, etwa 35
bis 40 Meter Entfernung. Jede Gruppe
hat zwei Bälle. Der ins Tor gehende
Spieler holt den evtl. verschossenen
Ball. Bei jüngeren Spielern Entfernungen reduzieren (Abb. rechts).

Feldgröße etwa 40 × 20 Meter,
Torbreite 2 Meter. Letzter Spieler darf
Ball mit der Hand spielen.

Jeder läuft sein eigenes Tempo.
Ab und zu Zwischenzeiten geben.

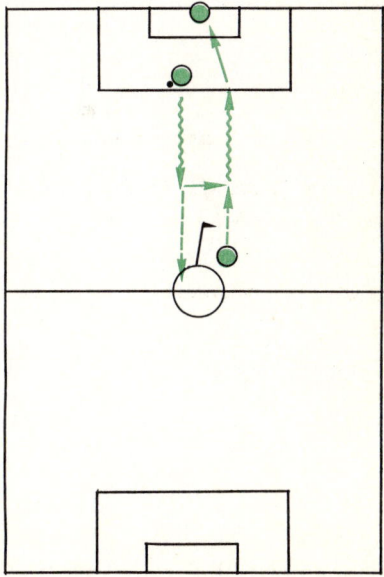

Zeit	Ziele	Trainings- und Übungsinhalte
bis 5 Min.	Einstimmen auf die Stunde	Was machen wir heute? – Warum?
5 Min.	Dehnen, Kräftigen	Beinmuskulatur, Rumpfmuskulatur
10 Min.	Spiel, Aufwärmen, Übersicht	Spiel 7 : 7 mit zwei Fußbällen
10 Min.	Zweikampfschulung, Abwehr	Ein Mittelfeldspieler paßt zu seinem Stürmer, der vom Abwehrspieler bei der Ballannahme gestört wird. Zweikampf mit Versuch des Torerfolgs. Aktiver Abwehrspieler
10 Min.	Doppelpaß und / oder Dribbling	Spiel 2 : 1 auf ein Tor mit Torhüter
15 Min.	Spiel	Spiel 3 : 3 (bis 5 : 5) auf drei Tore im Dreieck mit einem Torhüter. Der Torhüter bewacht jeweils die Seite des Dreiecktors, vor der die Mannschaften gerade spielen.
15 Min.	Spiel	Spiel 7 : 7 mit Torhütern
5 Min.	Auslaufen	Auslaufen mit Ball

Ganze Gruppe

Traben; Zurückgreifen auf bekannte
Übungsformen (siehe Anhang, S. 126
bis 129)

Zwei Mannschaften mit je 7, 8 oder 9
Spielern, zwei Bälle, F-Junioren-
Feld

Auf richtige Stellung des Abwehrspielers achten. Abwehrspieler soll vor
Angreifer am Ball sein; falls ihm das
nicht gelingt, hinhaltend absichern und
ab torgefährlicher Schußentfernung
angreifen.

Die Spieler sollen mittels Doppelpaß
oder Dribbling frei zum Schuß kommen. Der Ballbesitzer muß sich je nach
Verhalten des Abwehrspielers für
Doppelpaß oder Dribbling entscheiden; evtl. auch Antäuschen von Doppelpaß oder Dribbling und das jeweils
andere tun; Torschuß vor einer vorgegebenen Markierung (Abb. rechts
oben).

Halbes F-Junioren-Feld (Abb.
rechts)

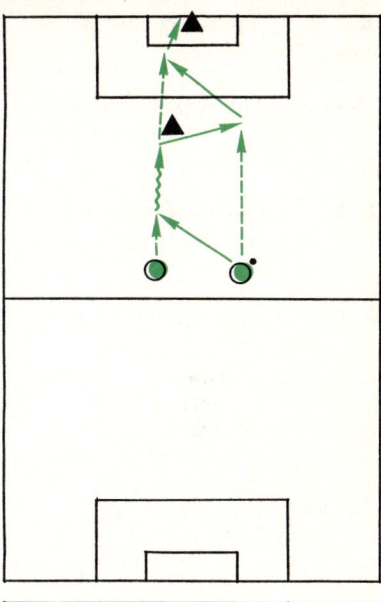

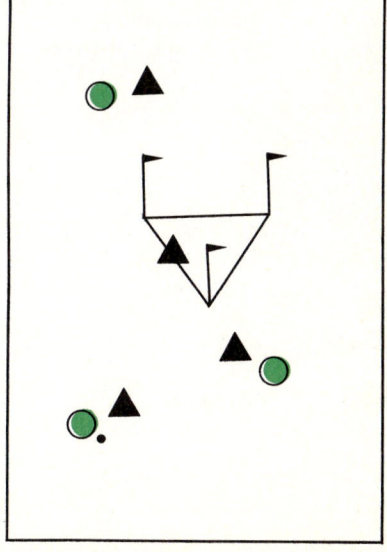

Zeit	Ziele	Trainings- und Übungsinhalte
bis 5 Min.	Einstimmen auf die Stunde	Was machen wir heute? – Warum?
5 Min.	Genaues Abspiel, Ballannahme, schnelles Spiel	5:2 Paßspiel: a) mit beliebigen Ballkontakten; b) mit maximal 2 Kontakten (je nach Niveau)
5 Min.	Dribbling, Ballgewöhnung, Koordination	«Reise nach Jerusalem»: Im Hütchenlabyrinth führen die Spieler den Ball und versuchen auf Zuruf, jeweils einen Platz an einem Hütchen zu finden; an einem Hütchen darf sich nur einer aufhalten; es gibt weniger Hütchen als Spieler (2 bis 5).
10 Min.	Schulen des Abwehr- und Angriffsverhaltens im Zweikampf	Spiel 1:1. Auf der Grundlinie stehen mehrere Tore. Von der Mittellinie aus versucht der Angreifer am Abwehrspieler vorbeizukommen und ein Tor zu erzielen. Nach zwei bis drei Versuchen Rollenwechsel.
10 Min.	Technikschulung, Zweikampf, Torschuß	Spieler dribbeln von der Mittellinie auf das Tor mit Schuß von der Strafraumgrenze. Torhüter spielt den Ball zurück, oder sie holen ihn selbst (bei Fehlschüssen). Ball langsam, eng am Fuß mit wechselnder Ballführung in der Feldmitte zurückführen. Für zum Tor dribbelnde Spieler werden sie dadurch zu passiven, bewegten Gegnern, die sie mit bereits bekannten Finten ausspielen sollen.
30 Min.	Spiel	Spiel 7:7 mit Torhüter
5 Min.	Auslaufen	

Ganze Gruppe

Siehe Trainingseinheit Nr. 20

Jeder hat einen Ball. Die Hütchen weiträumig verteilen. Für das Erreichen eines Hütchens werden Punkte verteilt. Das Hütchen muß mit Ball erreicht werden. Letzter Durchgang mit Ausscheiden.

Paarweise ein Ball. Ein Tor in der Mitte zählt 2 Punkte, die Tore außen 1 Punkt. Nach den Angriffen langsam zur Mittellinie zurück, um genügend Pausen zu haben (Pause zwischen den Durchgängen mindestens 2 Min.) (Abb. rechts oben).

Darauf achten, daß die zurückdribbelnden Spieler nicht in den Schußbereich geraten. Den Ball langam zurückführen. F-Junioren-Feld (Abb. rechts).

Ganzes Feld. Positionen variieren.

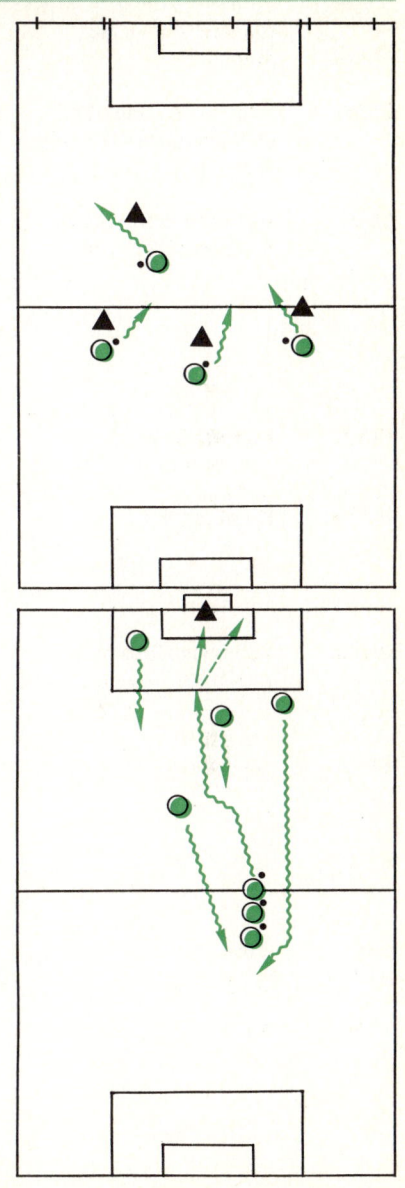

Zeit	Ziele	Trainings- und Übungsinhalte
bis 5 Min.	Einstimmen auf die Stunde	Was machen wir heute? – Warum?
10 Min.	Individuelle Ballarbeit, Dehnen, spezielle Koordination	Ball führen im begrenzten Raum mit Vorführen von Finten
5 Min.	Aufwärmen, Sprinten, Körpertäuschungen	«Schwarzer Mann»: Auf zwei gegenüberliegenden Grundlinien stehen sich Fänger und Läufer gegenüber. Auf Kommando versuchen die Läufer, die andere Grundlinie zu erreichen, ohne abgeschlagen zu werden. Jeder Abgeschlagene wird zum Fänger.
10 Min.	Ballführen, Spiel	«Zwei-Felder-Fußball»
10 Min.	Kopfballspiel	Kopfball im Stand, mit Schritt nach vorn und im Sprung, Wechsel nach zehn Versuchen. Ball wird zugeworfen (5 bis 8 Meter).
10 Min.	Dribbling, Torschuß	Slalomdribbling durch die Hütchen der vorherigen Übung. Schuß auf das Tor aus 10 bis 15 Meter Entfernung.
20 Min.	Spiel	Spiel 5 : 3 + 2 Torhüter
5 Min.	Auslaufen	Schattenlaufen mit Erzählen einer lustigen Geschichte durch den Hintermann ohne Ball, der dem Ballführenden folgt, nach je 30 Sek. Rollenwechsel.

Ganze Gruppe

Jeder hat einen Ball; Dehnübungen
einschieben.

Man beginnt mit einem oder zwei Fängern; ab Gleichzahl von Fängern und
Läufern dürfen die Fänger nur noch
rückwärts laufen (Raum etwa von
Torauslinie bis Strafraumgrenze; evtl.
5 bis 10 Meter weiter).

Siehe Trainingseinheit Nr. 11 (Abb.
rechts)

Paarweise ein Ball, der Werfer ist Torhüter. Softbälle benutzen und einige
Versuche mit Spielbällen durchführen
lassen (Abb. rechts unten).

Jeder hat einen Ball. Ballführung variieren; Hütchen als Gegenspieler auf-
fassen.

Sicheres Spiel; Schuß erst bei guter
Gelegenheit. Feld 40 × 20 Meter, Tore
3 bis 4 Meter breit. Variante: Anzahl
der Ballkontakte begrenzen. Je nach
Niveau nur einen Torhüter, aber vier
Verteidiger einsetzen.

Paarweise ein Ball. Partnerwechsel
veranlassen.

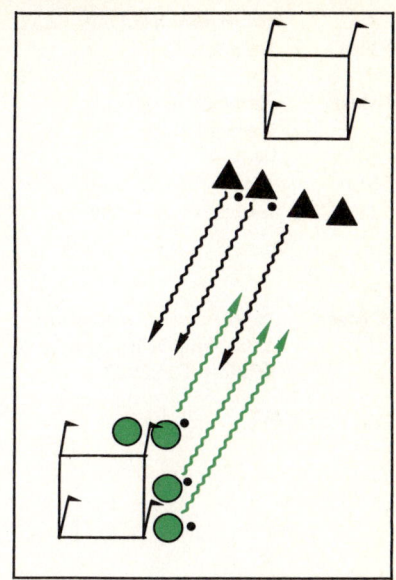

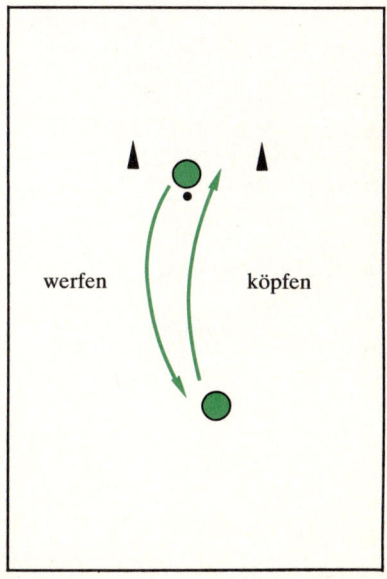

werfen   köpfen

Zeit	Ziele	Trainings- und Übungsinhalte
bis 5 Min.	Einstimmen auf die Stunde	Was machen wir heute? – Warum?
10 Min.	Beweglichkeit, Koordination	Gymnastik
5 Min.	Kopfballspiel, Ballgewöhnung, Spiel, Freilaufen	Handball. Tore dürfen nur mit dem Kopf erzielt werden. Nach jedem Wurf muß mindestens einmal geköpft werden. Das gilt für beide Mannschaften.
20 Min.	Reaktion, Koordination, Dribbling, Körpertäuschung, Torschuß	Starts aus verschiedenen Positionen; Ball ca. 5 Meter entfernt; Bauchlage, Rückenlage, Seitlage, Kopfstand, Grätschsitz, mit Rücken zum Ball, mit Purzelbaum etc. Startzeichen akustisch oder visuell: Ruf, Pfiff, Klatschen, Arm heben, nicken, umdrehen. Variante: ÜL legt ein gültiges Startzeichen fest, gibt aber zuvor zwei bis drei andere. Mit dem Ball dribbeln die Spieler auf ein Hütchen zu: a) Ball re/li vorbeispielen und auf der anderen Seite vorbeilaufen (Ball darf nicht zu weit wegrollen) – Torschuß. b) Hütchen mit verschiedenen Finten umspielen und Torschuß
20 Min.	Spiel	Spiel 7 : 7 mit Torhüter
5 Min.	Auslaufen	«Wir laufen diagonal von Eckfahne zu Eckfahne und an den Torauslinien quer.»

Ganze Gruppe

Siehe Übungsanhang, S. 124–127

Zwei Mannschaften, normale Tore
5 × 2 Meter, halbes F-Junioren-Feld.
Köpfende Spieler dürfen nicht ange-
griffen werden.

Paarweise ein Ball. Die Spieler wechseln nach je 5 Versuchen als Torhüter
ab. Darauf achten, daß vor einer
bestimmten Markierung geschossen
wird. Entfernungen je nach Alter und
Könnensstufe variieren. Anzahl der
erzielten Tore festhalten (Preise aussetzen) (Abb. rechts oben).

Ganzes Feld. Auflagen je nach Notwendigkeit.

Abb. rechts

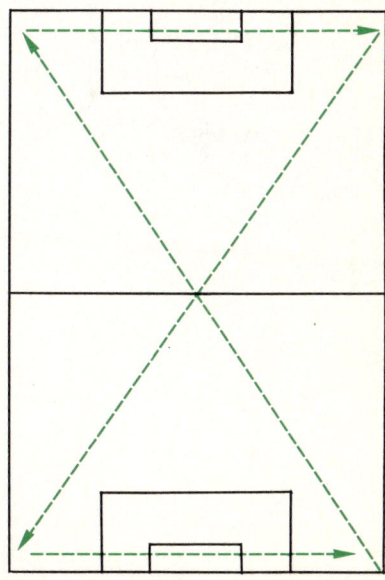

Zeit	Ziele	Trainings- und Übungsinhalte
bis 5 Min.	Einstimmen auf die Stunde	Was machen wir heute? – Warum?
10 Min.	Aufwärmen	«Zwei-Felder-Fußball» (siehe Trainingseinheit Nr. 11)
10 Min.	Passen, Ballkontrolle, spezielle Koordination, Laufgewandtheit	A spielt den Ball zu B. B hält den Ball an und läuft rückwärts. A läuft (sprintet) zum Ball und spielt zu B. Flache und hohe Zuspiele anwenden.
15 Min.	Spurt, Torschuß, Timing	Der Spieler legt sich den Ball von der Torauslinie in Richtung 11-Meter-Punkt selbst vor, sprintet um das in etwa 8 Meter Entfernung aufgestellte Hütchen und schießt den noch rollenden Ball aufs Tor.
20 Min.	Spiel, Manndeckung	Spiel 5 : 5 mit Torhüter
5 Min.	Auslaufen	Ü-Leiter läuft voraus und wird nach und nach von der Gruppe überholt, ohne daß das Tempo steigt.

Ganze Gruppe

Siehe Trainingseinheit Nr. 11
(Abb. rechts)

Paarweise ein Ball, quer über den
Platz, dann erfolgt Aufgabenwechsel.
Dazwischen aktive Pause. Zuspieler
läuft erst, wenn der Ball unter Kontrolle ist.

Jeder hat einen Ball; ein Torhüter. Es
kann von beiden Seiten des Tores
nacheinander geübt werden. Nach der
Hälfte der Zeit Seiten- und Schußbein-
wechsel. Zielbereiche im Tor vorgeben
(Abb. rechts unten).

Jeder deckt einen festgelegten Gegenspieler. Im Wechsel von drei Mannschaften spielen lassen. Alle 5 Min.
eine Mannschaft auswechseln lassen.
Aktive Pause: Ball jonglieren, Ball in
der Gruppe in der Luft halten.

Jeder hat einen Ball.

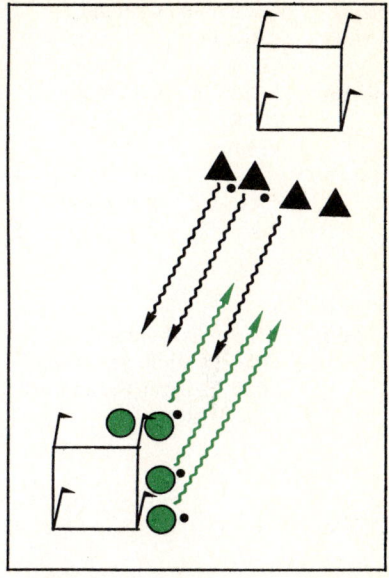

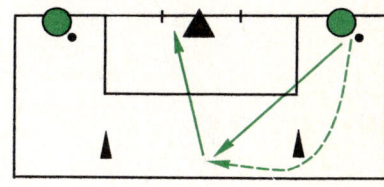

Zeit	Ziele	Trainings- und Übungsinhalte
bis 5 Min.	Einstimmen auf die Stunde	Was machen wir heute? – Warum?
10 Min.	Aufwärmen, Koordination, Dribbling, Zweikampf	«Bälle rauben»: Pro Kind einen Ball in den Mittelkreis legen. Auf Signal starten die Kinder von der Strafraumgrenze zu den Bällen und dribbeln zurück. Ein Ball wird nach jedem Durchgang entfernt. Wer keinen Ball bekommt, muß im Zweikampf versuchen, einen zu ergattern.
10 Min.	Technikschulung (Finten), spezielle Koordination. Festigen bekannter Elemente	– Ball mit Innenseite re führen. Kurz vor dem Gegner Ball mit re nach außen übersteigen, Körper zwischen Ball und Gegner bringen und Ball mit li zurückführen (re/li üben). – Ball führen, mit der Sohle zurückziehen, um 180° drehen und zurückführen (re/li üben).
15 Min.	Dribbling, Torschuß, Flanke	Der Außenspieler spielt 1 : 1 und versucht von der Grundlinie aus zu flanken. Der Abwehrspieler darf nur bis zur Strafraumgrenze verteidigen, dann läßt er die Flanke zu. Die Flanke soll fast von der Torauslinie geschlagen werden (hoch oder flach) – Torschuß vom Partner, der in der Mitte mitgelaufen ist. Variation: Außenspieler spielt Doppelpaß mit Mittelspieler und geht dann erst ins Dribbling.
20 Min.	Spiel	Spiel 7 : 7 mit Torhüter
5 Min.	Auslaufen	Lauf um das Clubgelände

Ganze Gruppe

Anzahl der Bälle bis zur Hälfte der
Gruppenmitglieder reduzieren.
Ballbesitzer auf die Anwendung von
Finten hinweisen.

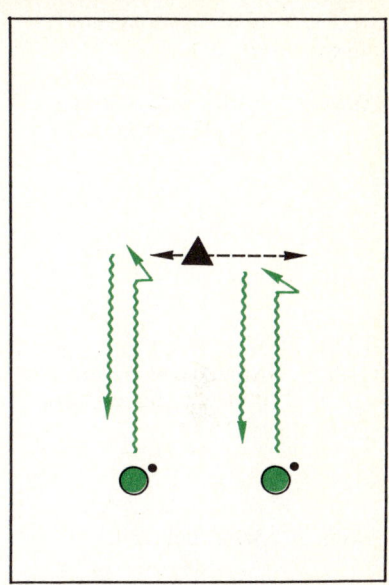

Dreiergruppen. Abstand zwischen
A, B, C je 10 Meter. B führt die eine,
C die andere Finte aus. A pendelt als
passiver Gegenspieler hin und her.
Dauer maximal 1 Min. Aktive Pausen
einlegen. Pro Spieler zwei Durch-
gänge. Tempo nach Niveau gestalten;
eher auf Technik als auf Tempo üben
(Abb. rechts).

Dreiergruppe mit Positionswechsel
nach mehreren Durchgängen
(Abb. rechts unten).

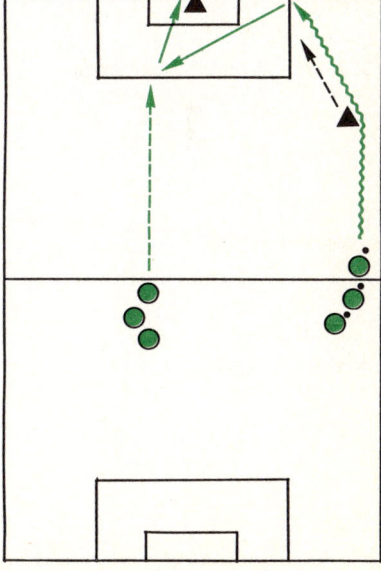

Ganzes Feld. Schwerpunkt im Spiel je
nach Notwendigkeit

Nicht außer Atem kommen.

Zeit	Ziele	Trainings- und Übungsinhalte
bis 5 Min.	Einstimmen auf die Stunde	Was machen wir heute? – Warum?
5 Min.	Aufwärmen, Koordination, Ballgefühl	Gymnastik mit Ball: Um die Hüfte kreisen lassen; durch die Beine rollen – halbe Drehung – anhalten; durch die Beine nach hinten oben werfen – halbe Drehung – fangen; aus der Hocke so hoch wie möglich werfen – Boden mit der Hand berühren (hinsetzen) – fangen; hochwerfen – mit dem Nacken auffangen etc.
10 Min.	Aufwärmen, Ballgefühl, Dribbling, Schnelligkeit mit Ball	Staffelspiele: Dribbeln einhändig re/li, nur li/re; Rollen mit der Hand; Führen mit Innenseite, Sohle li/re allein und im Wechsel etc.
10 Min.	Ballgefühl	Jonglierwettbewerb: Wer schafft die meisten Kontakte? Wer jongliert am variabelsten? Wer benötigt am wenigsten Platz?
15 Min.	Kombinationsspiel, Flanke, Torschuß	Spieler ohne Ball bietet sich kurz an, erhält den Ball und dreht sich zum Zweikampf (Variante 1), oder er täuscht kurzes Anbieten an und geht lang (Variante 2); Dribbling auf Grundlinie, Flanke zum mitgelaufenen Paßgeber – Torschuß.
20 Min.	Spiel	Spiel 7:7 mit Torhüter
5 Min.	Auslaufen	Gruppe läuft im dichten Pulk kreuz und quer über das Feld. Jeder hat einen Ball.

Ganze Gruppe

Jeder hat einen Ball. Zum Finden weiterer Übungen siehe Anhang «Ballgewöhnung» (S.135).
Zwischen den einzelnen Übungen traben lassen.

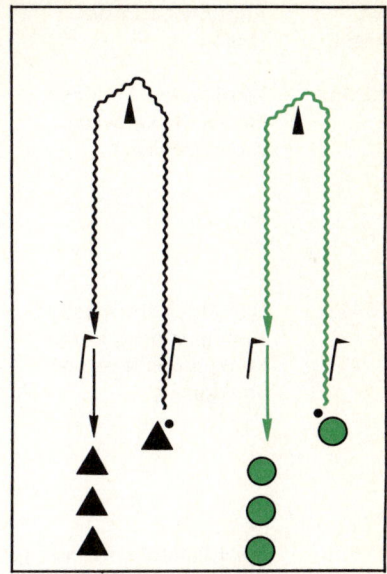

Gruppen zu drei bis fünf Spielern, der Phantasie des ÜL sind beim Finden neuer Aufgaben keine Grenzen gesetzt; auch Kinder neue Aufgaben finden lassen (Abb. rechts).

Belohnung aussetzen; man kann den Wettbewerb auch im K.-o.-System durchführen; ausgeschiedene Spieler üben weiter.

Dreiergruppe mit Wechsel der Aufgaben. Passivität des Verteidigers je nach Niveau vorschreiben. Variante: Der Spieler muß sich in der Situation für Variante 1 oder 2 entscheiden (Abb. rechts).

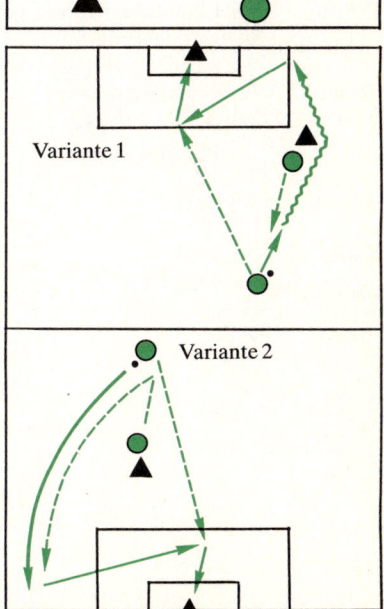

Aufgaben zuteilen und nach einiger Zeit variieren

ÜL läuft zur Tempokontrolle mit und gibt die Richtung vor («Rattenfänger»).

Zeit	Ziele	Trainings- und Übungsinhalte
bis 5 Min.	Einstimmen auf die Stunde	Was machen wir heute? – Warum?
10 Min.	Warmlaufen, Dribbeln, Passen, Ballannahme, Zusammenspiel	«Fänger narren»: Ein Fänger versucht, jemanden zu fangen. Auf dem Feld sind 3 bis 4 Bälle. Spieler, die einen Ball haben, können nicht gefangen werden. Durch geschicktes Zusammenspiel soll der Fänger genarrt werden.
10 Min.	Ballführen, Torschuß, Kombinationsspiel mit Finte, spezielle Koordination	Der eine Spieler führt den Ball in Richtung Tor. Der zweite Spieler folgt in 3 bis 4 Meter Abstand seitlich versetzt. 10 bis 12 Meter vor dem Tor legt der ballführende Spieler den Ball per Absatz zurück oder legt ihn mit der Sohle für den Partner auf. Der folgende Spieler schießt aufs Tor.
15 Min.	Spiel, Ballführen, Passen, Spielverlagerung	Spiel 3 : 3 auf 4 Tore mit aktiven Pausen
5 Min.	Torschuß (als aktive Pause)	Torschuß. Ball liegt. Ziel vorgeben. Versuchen zu «zaubern» und Torhüter zu täuschen
20 Min.	Spiel	Spiel 7 : 7 mit Torhüter
5 Min.	Auslaufen	«Jeder muß eine Geschichte erzählen.» Dabei mindestens 5 Min. laufen.

Ganze Gruppe

Feld begrenzen je nach Anzahl der
Kinder. Dehnübungen, Gymnastik
einstreuen.

Paarweise ein Ball. (Bei Bedarf auch
auf 2 Feldern und / oder 4 : 4.) Rollen-
tausch nach einigen Versuchen (Abb.
rechts).

Tore 1 Meter breit, halbes F-Junioren-
Feld oder kleiner (Abb. rechts unten)

Ein Torhüter im F-Junioren-Tor.
Torentfernung 10 bis 12 Meter.
Eine Runde Freistoß schießen lassen.

Schwerpunkte setzen

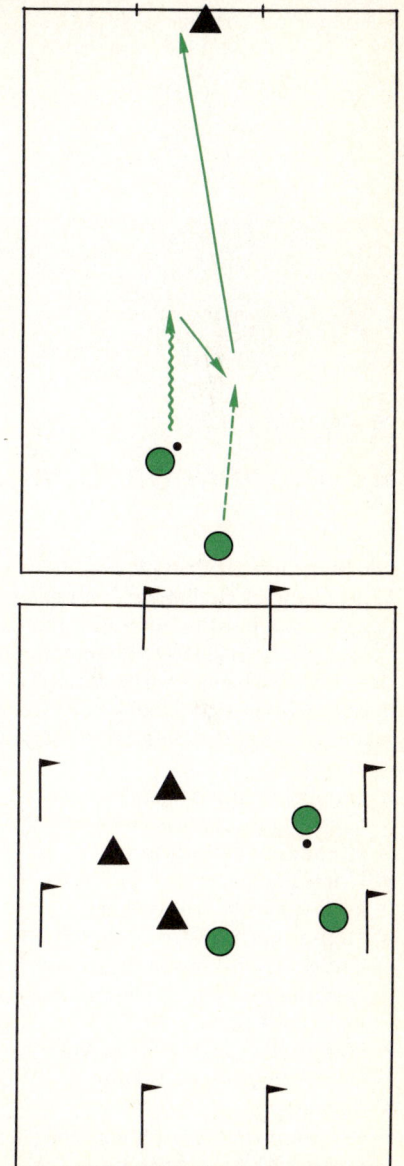

Anhang

Anhang A:
Koordinationsübungen

Die folgende Auflistung von Übungen zur allgemeinen und speziellen Koordinationsschulung ist lediglich eine begrenzte Auswahl aus allen denkbaren Übungen. Sie sollte als Anregung dienen.
Lassen Sie koordinative Übungen nicht bis zur Perfektion üben, sondern stellen Sie nach einer verbesserten Grobform neue Aufgaben. Ihrem Erfindungsreichtum sind dabei keine Grenzen gesetzt. Anhang E zur systematischen Schulung der Ballgewöhnung kann dabei weiterhelfen.

- Hampelmannspringen
- Hopserlauf vorwärts
- Hopserlauf rückwärts
- Hopserlauf vorwärts mit Armkreis vorwärts – rückwärts
- Hopserlauf vorwärts mit gegenläufigem Armkreisen (li Arm rw, re Arm vw und umgekehrt re Arm vw und li Arm rw)
- Hopserlauf rückwärts mit Armkreisen vw, rw, gegenläufig
- Seitgalopp
- Seitgalopp mit ½ Drehung nach jeweils 2 Galoppsprüngen
- dasselbe mit Armkreisen einwärts
- dasselbe mit Armkreisen auswärts
- Seilspringen: beidbeinig, einbeinig, mit und ohne Zwischensprünge, Anhocken, Seil rückwärts schwingen, springen in Vorwärts- und Rückwärtsbewegungen, im Seitgalopp mit Drehungen
- Sprünge mit Zusatzaufgaben: Anhocken, Anfersen, Grätschen, Drehungen, Rhythmuswechsel etc.

- Ball spielen (schießen) mit differenziertem Krafteinsatz
  - gegen Wand mit variablen Stoßarten und Entfernungen
  - Ball soll genau an der Wand liegenbleiben
  - Ball genau in Zielräume in unterschiedlichen Entfernungen spielen
  - Fußball-Billard (jeder hat einen Ball, Spieler versuchen abwechselnd, den Ball des Partners zu treffen)
- Turnerische Übungen zur Gewandtheitsschulung
  - Purzelbaum vw, rw
  - Judo-Rolle
  - Rolle vw, rw (auch über Handstand)
  - Hechten mit Ballfangen, -fausten, -schießen in der Sandgrube, auf weichem Rasen oder Weichbodenmatte
- Gleichgewichtsübungen
  - Standwaage
  - auf einem Bein stehen und mit dem anderen in Form einer ‹8› schwingen (einwärts und auswärts)
  - Balancieren auf einer kleinen Unterstützungsfläche
  - Kerze, Kopfstand, Schwebesitz (auch mit gleichzeitigem Zahlenschreiben von Beinen und Armen)
  - versuchen, sich gegenseitig auf die Füße zu treten
  - Sitzfußball
- alle Formen von Gewandtheits-, Geschicklichkeits- und Slalomstaffeln (Slalom nicht nur gleichmäßig, sondern auch unregelmäßig mit Richtungsänderungen und Abstandsvariationen stecken)
- Informationseinschränkungen: Übungen mit geschlossenen (verbundenen) Augen
- Fußballtechniken kombinieren mit anderen Bewegungen: Sprünge, Drehungen, Rollen
- Übungen mit zwei Bällen gleichzeitig (Dribbeln mit zwei Bällen; Dribbeln mit Hand und Fuß gleichzeitig)

Anhang B: Dehnübungen

(entnommen aus:
KNEBEL/HERBECK/HAMSEN 1988.
Dort finden sich die ausführlichen Bewegungs- und Wirkungsbeschreibungen.)

Rückenmuskeln (Lendenanteil)

Hüftbeuge- und Gesäßmuskeln

Kniebeuge- und Wadenmuskeln

Rückenmuskeln   Hüftbeuger und Kniestrecker

Adduktoren

Adduktoren

Adduktoren

Abduktoren

Wadenmuskeln

Flanken und
Ellbogenstrecker

Anhang C: Kräftigungsübungen

(entnommen aus:
KNEBEL / HERBECK / HAMSEN 1988.
Dort finden sich die ausführlichen Bewegungs- und Wirkungsbeschreibungen.)

Gerader Bauchmuskel

Schräge Bauchmuskeln

Rückenmuskeln   Rumpfmuskeln

Wirbelsäulenstabilisatoren   Adduktoren

Rücken- und Gesäßmuskeln

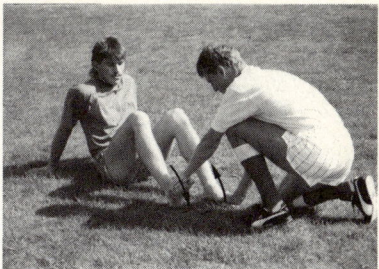

Schienbeinmuskulatur

Beinstrecker

Waden- und
Fußmuskeln

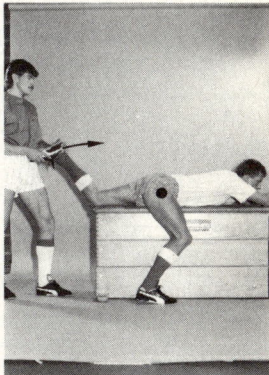

Kniebeuger

Arme und Schultergürtel

Schultergürtel,
Arme und Rumpfmuskeln

Anhang D:
Kleine Spiele

Bälle erobern
Die Spieler bilden vier Gruppen. In der Spielfeldmitte liegen Bälle (Tennisbälle, Fußbälle). Auf ein Signal laufen alle Spieler gleichzeitig los und versuchen, möglichst viele Bälle zu erobern und in ihre Ecke zu bringen. Auf dem Rückweg wird der Ball mit der Hand gerollt, mit dem Fuß geführt, in der Hocke getragen etc.

Bälle rauben
Für jedes Kind liegt ein Ball im Mittelkreis. Auf Signal starten die Kinder von der Strafraumgrenze zu den Bällen und dribbeln zurück. Nach jedem Durchgang wird ein Ball entfernt. Wer keinen Ball bekommt, muß im Zweikampf versuchen, einen zu ergattern.

Blindenfußball
Ein sehender Spieler führt einen blinden Spieler und ruft ihm auszuführende Aktionen zu.

Drachenjagd
Spielgedanke wie bei Hetzball (S. 132). In der Mitte befinden sich jedoch zwei Spieler, wobei der eine die Hüfte des anderen umfaßt. Sie bilden Kopf und Schwanz. Der Schwanz muß getroffen werden; während der Kopf versuchen kann, die Bälle abzuwehren. Wird der Drache getroffen, so wechselt der Schwanz, und der hereinwechselnde Spieler wird zum Kopf.

Fänger narren
Ein Fänger versucht, jemanden zu fangen. Auf dem Feld sind 3–4 Bälle. Spieler, die einen Ball haben, können nicht gefangen werden. Durch geschicktes Zusammenspiel soll der Fänger genarrt werden.

Fintieren
Die Spieler bilden einen Kreis, in dessen Mitte ein Zuspieler mit Ball steht. Die Kreisspieler haben die Hände hinter dem Rücken verschränkt. Der Zuspieler wirft den Ball zu den Kreisspielern. Täuscht der Zuspieler ein Zuspiel an und der betreffende Kreisspieler bewegt die Hände nach vorn, so erhält er einen Minuspunkt.

Freunde suchen
Spieler laufen im begrenzten Feld. Auf Zuruf einer bestimmten Zahl finden sich genauso viele Spieler zu einer Gruppe zusammen wie gefordert sind.

Füße hoch
Kein Läufer darf abgeschlagen werden, wenn er die Füße vom Boden abhebt (Handstand, Bauchlage, Schwebesitz, Kerze). Die eingenommene Position muß sofort wieder aufgegeben werden.

Glucke und Geier
Spieler bilden eine Reihe und umfassen von hinten mit beiden Händen die Hüfte des Vordermanns. Der vorderste Spieler ist die ‹Glucke›, die ihre ‹Küken› (die hinter ihm stehen) beschützt. Ein Spieler, der ‹Geier›, steht der Reihe gegenüber und versucht, ein ‹Küken› abzuschlagen. Die ‹Glucke› wehrt mit ausgebreiteten Armen ab. Gelingt es dem ‹Geier›, ein ‹Küken› abzuschlagen, so übernimmt das ‹Küken› die Rolle des ‹Geiers›.

Gordischer Knoten
Eine Gruppe von 6–8 Spielern gibt sich beliebig gekreuzt die Hände, wobei keiner einem Partner beide Hände gleichzeitig geben darf. Durch Übersteigen und Durchkriechen soll der ‹Knoten› so gelöst werden, daß alle Mitspieler in einem Kreis stehen. Die Hände dürfen nicht losgelassen werden.

Hahnenkampf
Zwei Spieler verschränken die Arme vor ihrer Brust. Auf einem Bein hüpfend, versuchen sich die Gegner durch kräftige Stöße aus dem Gleichgewicht zu bringen. Berührt ein Spieler den Boden mit dem zweiten Fuß, so ist der Kampf beendet.

Handicapfangen
Ein Fänger schlägt einen Läufer ab. Dieser muß mit einer Hand die berührte Stelle festhalten und darf nur mit der anderen Hand weiter abschlagen. Er wird frei, sobald er einen Läufer gefangen hat.

Hase und Jäger
Jäger müssen Hasen mit Ball unterhalb der Knie treffen. Getroffene Hasen werden Jäger; Jäger passen sich die Bälle beim Jagen zu, Hasen weichen aus.

Hetzball
6–10 Spieler bilden einen Kreis. Sie müssen einen Spieler treffen, der in der Mitte des Kreises dem Ball auszuweichen versucht. Wird er getroffen, so tauscht er den Platz mit dem letzten Werfer (auch mit Fuß: Treffer nur unterhalb der Knie).

Hochwerfen und Fangen
Die Spieler laufen im Kreis, jeder hat einen Ball. Beim Laufen wird der Ball hochgeworfen, und der Hintermann versucht ihn zu fangen.

Kettenfangen
Das Spiel beginnt mit einem Fänger. Jeder abgeschlagene Spieler hängt sich an und fängt mit (Kette bilden), nur die beiden Äußersten dürfen fangen.

Kopf und Schwanz
6–8 Spieler stehen hintereinander und fassen den Vordermann um die Taille. Der erste (Kopf) muß nun versuchen, den letzten (Schwanz) abzuschlagen.

Paarfangen
Fänger fassen sich paarweise an den Händen und fangen einzelne Läufer. Die abgeschlagenen Läufer bilden ebenfalls Paare und fangen mit. Alternative: Die Spieler fassen sich um die Hüfte.

Parteiball
Zwei Mannschaften (je 4–6 Spieler) laufen frei innerhalb eines abgegrenzten Raumes. Während eine Mannschaft sich einen Ball zuspielt, versucht die andere ihn abzufangen. Jedes Zuspiel zählt einen Punkt. Spiel nach Zeit (auch mit Fuß).

Raufball
Zwei Mannschaften versuchen, einen Medizinball in das gegnerische Tor zu befördern. Als Tor gelten jeweils die Grenzlinien des Spielfeldes (Stirnseite, 15×25 m). Der Ball darf getragen, geworfen und gerollt werden. Der Ballbesitzer darf geklammert, gehalten und blockiert werden; trennt er sich vom Ball, muß man ihn freilassen. Bei Spielbeginn und nach jedem Tor wird der Ball vom Trainer hoch an der Mittellinie eingeworfen.

Raumball
In je einer Spielhälfte (10×20 m) befindet sich ein Raum ($1\,\mathrm{m}^2$) mit einem Spieler. Der Raum sollte 3 Meter von der Grundlinie entfernt sein, so daß er umlaufen werden kann. Jede Mannschaft versucht, ihrem Raumwächter, der diesen nicht verlassen darf, den Ball zuzuspielen.

Reise nach Jerusalem

Im Hütchenlabyrinth führen die Spieler den Ball und versuchen auf Zuruf, jeweils einen Platz an einem Hütchen zu finden; an einem Hütchen darf sich nur einer aufhalten; es gibt weniger Hütchen als Spieler (2–5).

Rollball

Zwei Mannschaften versuchen, durch Rollen des Balles mit der Hand Tore zu erzielen.

Schiebekampf

Zwei Spieler stehen Schulter an Schulter bzw. Rücken an Rücken oder in der Bankstellung und versuchen, den Gegenspieler aus dem Gleichgewicht zu bringen.

Schnappball

Zwei Spieler werfen sich den Ball in einem ca. 5 × 5 m großen Spielfeld zu, während ein dritter versucht, den Ball abzufangen.

Schwanzfangen

Jedes Kind steckt sich ein Band hinten in die Sporthose, so daß maximal 50 cm noch herausschauen. Jeder versucht, von anderen den Schwanz zu klauen und seinen zu behalten. Das Spielfeld muß je nach Gruppengröße begrenzt werden.

Schwarz-Weiß

Spieler stehen sich in zwei Gruppen (Schwarz-Weiß) in einem Abstand von 1 Meter gegenüber. Ruft der Trainer «Schwarz», so wird diese Gruppe zu Läufern und die andere zu Fängern. Die Fänger versuchen, möglichst viele Läufer abzuschlagen, bevor diese sich hinter die Spielfeldbegrenzung retten können. Unterschiedliche Ausgangspositionen verwenden. Bauchlage, Rückenlage, Gesicht zueinander, etc.

Schwarzer Mann

An einer Feldseite steht die Gruppe, ihr gegenüber auf der anderen Seite ist der Schwarze Mann. Dieser ruft: «Wer hat Angst vorm Schwarzen Mann?» Worauf die Gruppe antwortet: «Niemand.» Auf die weitere Frage: «Und wenn er kommt?», antwortet die Gruppe: «Dann laufen wir.» Dieser Satz ist das Signal für die Gruppe, das Feld zu überqueren. Der Schwarze Mann läuft ebenfalls los und versucht, Läufer abzuschlagen. Abgeschlagene Läufer werden zu Schwarzen Männern. Alternative: auch mit Ball (Schwarzer Mann und Gruppe).

Siamesischer Fußball

Je zwei Spieler werden mit Sprungseilen um die Hüften zusammengebunden, so daß sie nebeneinander stehen. Das Feld sollte recht klein gehalten werden mit großen Toren. Falls keine Sprungseile vorhanden sind, können sich die Spieler um die Hüfte fassen.

Sitzfußball

Fußball im rückwärtigen Vierfüßergang. Spielfeldgröße: ca. 20 × 10 Meter.

Startball

Die Spieler stellen sich an einer Startlinie auf, ihnen gegenüber, in etwa 20 Meter Entfernung, ein Werfer. In der Spielfeldmitte liegt ein Ball. Während auf ein Signal die Läufer versuchen, die andere Seite zu erreichen, startet der Werfer zum Ball und versucht, einen Spieler zu treffen. Wer getroffen wird, ist Werfer. Je nach Anzahl der Spieler können auch mehrere Bälle und Werfer eingesetzt werden.

Treibball

Hinter den Grenzlinien des Mittelkreises steht auf jeder Seite jeweils eine Mannschaft. Jeder Spieler hat einen Ball. In der Mitte des Spielfeldes liegt ein leichter Medizinball oder Fußball, der auf Signal durch genaue Schüsse über die gegnerische Grenzlinie getrieben werden soll.

Wer den Ball hat, wird gefangen

Spieler bilden einen Kreis und werfen sich mehrere Bälle zu. Innerhalb des Kreises bewegen sich ein oder zwei Fänger, die versuchen, die Spieler, die den Ball haben, abzuschlagen. Spieler, die abgeschlagen worden sind, werden zu Fängern. Man kann das Spiel auch mit dem Fuß spielen.

Anhang E:
Systematik der Ballgewöhnung

Ziele/Verwendbarkeit:
Allgemeine Ballgewöhnung/Fußballbezogene Ballgewöhnung/Vorbereiten und Festigen fußballerischer Fertigkeiten/Aktive Erholung/Auflockerung

Gerät	Spielerverhalten				Ballverhalten	Fertigkeiten	Aufgabenstellung	Organisation	
	Stationär	In Bewegung	Körperteil	Kraftaufwand	Art	Art	Art	Personen	Raum
Alle Arten von Bällen:	stehen ⎫ auch mit sitzen ⎬ Dre- knien ⎭ hungen liegen (Bauch/Rücken)	Art: gehen ⎫ auch mit laufen ⎬ Dre- hüpfen ⎭ hungen Tempo: langsam mittel schnell Richtung: vorwärts rückwärts seitwärts Zickzack	Ganzkörper Peripherie – Arme – Beine	voll mittel niedrig	fliegt hüpft rollt Tempo: niedrig hoch Rotation: vorwärts rückwärts seitwärts	Werfen Fangen Balancieren Dribbeln Passen/Schießen Ballan- und -mitnahme Kopfball	präzise schnell präzise und schnell Erlernen eines Kunststückes	einzeln Partner Dreiergruppe Vierergruppe	frei begrenzt
Fußball Handball Basketball Volleyball Medizinball Tischtennisball Tennisball Rugby-Ei Schaumgummiball Gymnastikball Vollball etc.									

Literaturhinweise

ANDERSON, B.: Stretching. Bolinas 1982.

BAUER, G.: Fußball perfekt: vom Anfänger zum Profi. München 1974.

BAUER, G.: Die aktuelle Situation des Jugendtrainings (1. Teil). Fußballtraining, 8/9, 4–10 (1988).

BAUER, G./ÜBERLE, H.: Fußball. München 1984.

BAUR, J.: Über die Bedeutung «sensibler Phasen» für das Kinder- und Jugendtraining. Leistungssport, 4, 9–14 (1987).

BISANZ, G./GERISCH, G.: Fußball: Training, Technik, Taktik. Reinbek bei Hamburg 1988.

BREMER, D.: Ein Weg aus der Leistungskrise des deutschen Fußballs? Leistungssport, 3, 5–14 (1985).

BREMER, D.: Wettkampfsport im Grundschulalter. Leistungssport, 2, 5–10 (1986).

BREMER, D.: Jugendfußball heute. Fußballtraining, 8/9, 31–36 (1988).

BRETTSCHNEIDER, W.-D./BAUR, J./BRÄUTIGAM, M. (Hg.): Bewegungswelt von Kindern und Jugendlichen. Schriftenreihe des Bundesinstituts für Sportwissenschaft; Bd. 66. Schorndorf 1989.

COERVER, W.: Fußballtechnik. München 1984.

COERVER, W.: Treffer, Bd. I–IV. (Videos) 1988.

DEUTSCHER FUSSBALL-BUND (Hg.): Fußball-Lehrplan 1: Fußball-Training mit der Nationalmannschaft. München 1982.

DEUTSCHER FUSSBALL-BUND (Hg.): Fußball-Lehrplan 2: Kinder- und Jugendtraining. Grundlagen. München 1985.

DEUTSCHER FUSSBALL-BUND (Hg.): Fußball-Lehrplan 3: Jugendtraining. Aufbau und Leistung. München 1987.

DIEKMANN, W./LETZELTER, M.: Stabilität und Reproduzierbarkeit von Maximalkrafttrainingsgewinnen im Kindesalter. In ROST/STARISCHKA (Hg.): Das Kind im Zentrum interdiziplinärer sportwissenschaftlicher Forschung. Erlensee 1985.

FIEBRANDT, K./DIETRICH, M.: Trainingseinheiten für das vielseitige Kindertraining (I). Leistungssport, 2, 21–27 (1984).

HAMSEN, G.: Gedankensammlung zur Begründung der Abschaffung von Meisterschaftsspielen bei F- und E-Junioren. In Bulletin der Union Schweizer Fußballtrainer, 1 (S. 43–44) (1988).

HAMSEN, G./ELSER, C.: Jugendtrainer im Fußball: Qualifikationen und Tätigkeitsmerkmale. In NAUL/SCHMIDT/TIEGEL (Red.): Beiträge und Analysen zum Fußballsport. Clausthal-Zellerfeld 1987.

HAMSEN, G./ELSER, C.: Juniorentrainer im Badischen Fußballverband: Qualifikationen und Tätigkeitsmerkmale. Abschlußbericht einer empirischen Untersuchung in Zusammenarbeit mit dem Badischen Fußballverband. Heidelberg 1987 (unveröffentlicht).

HESS, H.: Sportverletzungen. München o. J.

HINRICHS, H. K.: Sportverletzungen. Reinbek bei Hamburg 1989[2].

HIRTZ, P. (Hg.): Koordinative Fähigkeiten im Schulsport. Berlin (DDR) 1985.

HOFFMANN, H./BRÜGGEMANN, P./ERNST, H.: Optimales Spielgerät: der Ball – Biomechanische Überlegungen zum Einfluß der Ballmechanik auf die Belastung des Körpers. DFB: Der Übungsleiter, 3, 18–21 (1982).

HOLLMANN, W. u. a.: Zur kardio-pulmonalen Trainierbarkeit unter besonderer Berücksichtigung der präpuberalen Phase. Leistungssport, 1, 11–15 (1983).

KLEMT, U./ROST, R.: Normwerte kindlicher Leistungsfähigkeit. In ROST/STARISCHKA (Hg.), Das Kind im Zentrum interdisziplinärer sportwissenschaftlicher Forschung. Erlensee 1985.

KNEBEL, K.-P./HERBECK, B./HAMSEN, G.: Fußballfunktionsgymnastik. Reinbek bei Hamburg 1988.

MARTIN, D.: Nachwuchstraining in der Diskussion. Leistungssport, 5, 16 (1987).

MARTIN, D.: Training im Kindes- und Jugendalter. Studienbrief der Trainerakademie des Deutschen Sportbundes; Bd. 23. Schorndorf 1988.

PETERS, H.: Untersuchungen zur Entwicklung der Laufausdauer. In PETERS u. a.: Ausdauerleistungsfähigkeit im Schulsport. Berlin (DDR) 1980.

RIEDEL, H./LIESEN, H./WIDENMAYER, W.: Zu ausgewählten Problemen der Belastbarkeit von Jugendlichen unter leistungssportlichem Training. In BRETTSCHNEIDER/BAUR/BRÄUTIGAM (Hg.): Bewegungswelt von Kindern und Jugendlichen. Schorndorf 1989.

ROST, R.: Belastbarkeit und Trainierbarkeit im Kindes- und Jugendalter. In BRETTSCHNEIDER/BAUR/BRÄUTIGAM (Hg.): Bewegungswelt von Kindern und Jugendlichen. Schorndorf 1989.

ROST, R./STARISCHKA, S. (Hg.): Das Kind im Zentrum interdisziplinärer sportwissenschaftlicher Forschung. Erlensee 1985.

RUMLER, H./URBAN, D.: Der Muskelfunktionszustand bei trainierenden Kindern. Medizin und Sport, 26 (2), 41–43 (1986).

SCHMIDT, W.: (Freies) Fußballspielen von Kindern und Jugendlichen im historischen Vergleich. In BRETTSCHNEIDER/BAUR/BRÄUTIGAM (Hg.): Bewegungswelt von Kindern und Jugendlichen. Schorndorf 1989.

STEINMANN, W.: Zur Trainierbarkeit der Maximalkraft im späten Schulkindalter. In BRETTSCHNEIDER/BAUER/BRÄUTIGAM (Hg.): Bewegungswelt von Kindern und Jugendlichen. Schorndorf 1989.

STIEHLER, G./KONZAG, I./DÖBLER, H.: Sportspiele. Theorie und Methodik der Sportspiele. Berlin (DDR) 1988.

WEINECK, J.: Optimales Training. Erlangen 1987[5].

WEISE, D.: Neue Wege in der Talentförderung. Fußballtraining, 8/9, 21–24 (1988).

WEISS, U.: Beweglichkeit und Beweglichkeitstraining. Jugend und Sport, 7, 12–13 (1983).

Zeitschriften

Leistungssport: Zeitschrift für die Fortbildung von Trainern, Übungsleitern und Sportlehrern. Herausgegeben vom Deutschen Sportbund; erscheint zweimonatlich. Philippka-Verlag, Steinfurter Str. 104, 4000 Münster.

Der Fußballtrainer: Fachzeitschrift für alle Trainings- und Wettkampffragen; erscheint monatlich. Achalm-Verlag, Postfach 1642, 7410 Reutlingen 1.

Fußballtraining: Zeitschrift für Trainer, Sportlehrer und Schiedsrichter. Herausgegeben von Gero Bisanz; erscheint monatlich. Philippka-Verlag, Steinfurter Str. 104, 4000 Münster.

Die Autoren

Gerhard Hamsen (Foto links), Jahrgang 1945, ist Studienrat im Hochschuldienst und Fachleiter Fußball am Institut für Sport und Sportwissenschaft der Universität Heidelberg. Er besitzt die A-Lizenz des DFB und ist als Juniorenauswahltrainer für den Kreis Heidelberg im Badischen Fußballverband tätig. Als Fußballer war er in der damaligen 2. Amateurliga Nordbaden aktiv. Als Trainer war er wiederholt Deutscher Hochschulmeister und betreut als Co-Trainer die Badische U-16 Auswahl.

Jörg Daniel (Foto rechts), Jahrgang 1951, ist Diplom-Sportlehrer und Inhaber der Fußball-Lehrer-Lizenz. Seit 1984 arbeitet er als Verbandstrainer beim Badischen Fußballverband. In seiner aktiven Laufbahn spielte er als Torhüter u. a. fünf Jahre für Fortuna Düsseldorf in der 1. Bundesliga. In diese Zeit fiel der zweimalige Gewinn des DFB-Vereinspokals und eine weitere Endspielteilnahme. Internationaler Höhepunkt war die Teilnahme am Endspiel um den Europapokal der Pokalsieger 1979.

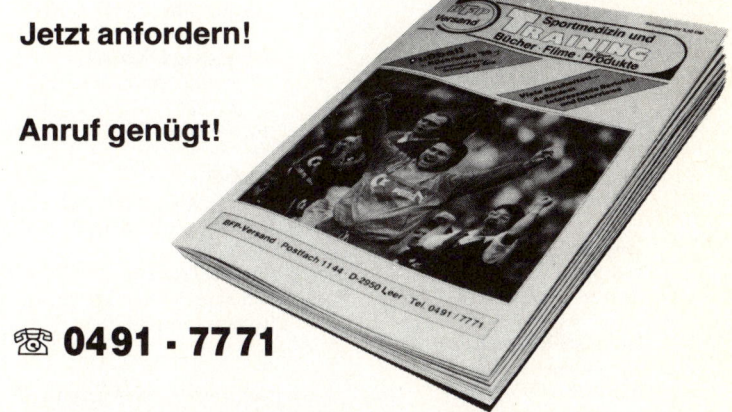

Fußball-Funktionsgymnastik
von Karl-Peter Knebel / Bernd
Herbeck / Gerhard Hamsen
(rororo sport 8631)

Fußball-Jugendtraining
von Gerhard Hamsen / Jörg
Daniel
(rororo sport 8645)

Konditionstraining Fußball
von Norbert Auste
(rororo sport 8605)

Fußball
von Gero Bisanz / Gunnar
Gerisch
(rororo sport 7039)

Spieltraining Fußball
von Rolf Mayer
(rororo sport 8674)

Fußball Lesebuch
von Jürgen Stark / Klaus
Farin
(rororo sachbuch 8596)

Jonglieren mit dem Fußball
von Mark Steiger
(rororo sport 9404)

Basketball-Handbuch
von G. Hagedorn / D.
Niedlich / G. Schmidt
(rororo sport 7624)

Basketball-Technik
von G. Hagedorn
(rororo sport 8685)

Basketball
von Lothar Waldowski
(rororo sport 7023)

Volleyball-Handbuch
von E. Christmann / K. Fago /
DVV
(rororo sport 7640)

Volleyball
von Günter Blume
(rororo sport 7011)

Volleyball und Handball
von Günter Blume / Klaus
Lange
(rororo sport 7034)

Handball
von Hans-Dieter Trosse
(rororo sport 7004)

Handball-Praxis
von Hans-Dieter Trosse
(rororo sport 8630)

rororo sport wird herausgegeben von Bernd Gottwald. Ein
Gesamtverzeichnis der Reihe
finden Sie in der *Rowohlt
Revue*. Jedes Vierteljahr neu.
Kostenlos. In Ihrer Buchhandlung.

Aufwärmen im Sport
von Jürgen Freiwald
(rororo sport 8642)

Prävention und Rehabilitation im Sport
von Jürgen Freiwald
(rororo sport 8626)

Lexikon Trainingslehre
herausgegeben von Ulrich Jonath
(rororo sport 7638)

Konditionstraining
von Ulrich Jonath / Rolf Krempel
(rororo sport 7038)

Circuittraining
von Ulrich Jonath
(rororo sport 7625)

Funktionsgymnastik
von Karl-Peter Knebel
(rororo sport 7628)

Krafttraining
von Helga und Manfred Letzelter
(rororo sport 7621)

Trainingsgrundlagen
von Manfred Letzelter
(rororo sport 7024)

Psychotraining für Sportler
von John Syer / Christopher Connolly
(rororo sport 8614)

Teamgeist
von John Syer
(rororo sport 8656)

Sportverletzungen
von Hans-Uwe Hinrichs
(rororo sport 8604)

Besser laufen
von Jack Heggie
(rororo sport 8664)

Aqua-Training
von Margot Zeitvogel / Erika Müller
(rororo sport 8698)

Handbuch Sportlerernährung
von Kurt-Reiner Geiß / Michael Hamm
(rororo sport 8672)

rororo sport wird herausgegeben von Bernd Gottwald. Ein Gesamtverzeichnis der Reihe finden Sie in der *Rowohlt Revue*. Jedes Vierteljahr neu. Kostenlos. In Ihrer Buchhandlung.